TABLETTES HISTORIQUES

TABLETTES HISTORIQUES

DE

JOINVILLE

(Haute-Marne),

PAR J. COLLIN,

employé au chemin de fer.

CHAUMONT,

Imprimerie et Lithographie de veuve Miot-Dadant.

1857.

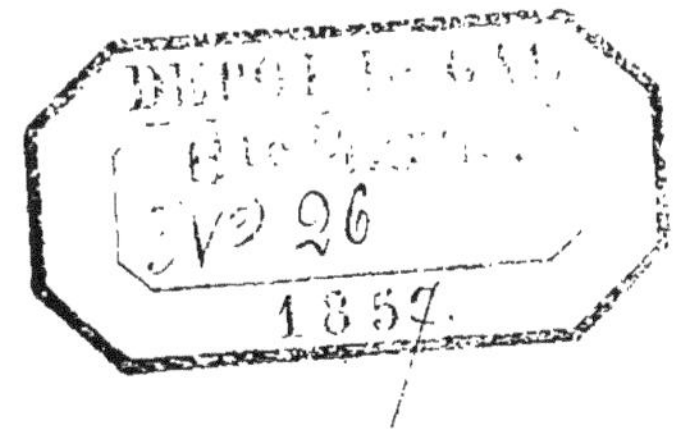

AU CONSEIL MUNICIPAL DE JOINVILLE,

HOMMAGE DE L'AUTEUR

J. COLLIN.

PRÉFACE.

Les souvenirs relatifs à la ville de Joinville, si célèbre par les grands hommes qu'elle a vus naître, ne pouvaient manquer d'éveiller la sollicitude de ses enfants; aussi plusieurs d'entre eux se sont-ils imposé le pieux devoir de les recueillir pour les transmettre à la postérité.

Parmi ceux-ci, nous citerons plus particulièrement messire Jean Fisseux, avocat en la cour, lieutenant-général au bailliage de Joinville, conseiller ès-conseils de Monseigneur le duc de Guise et auditeur en la cour des comptes; Remy Masson, religieux feuillant, qu'on croit être le même que le moine de Saint-Remy, et François-Louis Valdruche, chanoine de Saint-Laurent (ce dernier n'a fait que reproduire et continuer les deux autres), qui ont écrit des histoires de Joinville, dont les copies multipliées, trop souvent inexactes ou incomplètes, ont plutôt égaré qu'éclairé ceux qui ont voulu s'occuper du même sujet.

Dans ces derniers temps, M. Jules Fériel, avocat, né à Joinville, a eu le mérite d'être le premier et jusqu'à présent le seul écrivain qui ait fait imprimer une histoire de Joinville. Quelques années après cette publication, substitut du procureur du roi, puis procureur impérial à Chaumont, il profita de sa résidence dans cette dernière ville pour compulser les archives de la Haute-Marne, faire paraître la description de la chapelle du cimetière de Joinville, puis des notes et documents pour servir à l'histoire de cette dernière ville. Nous devons déclarer que nous avons eu souvent recours aux matériaux précieux qu'on trouve dans ces diverses publications.

Nous nous empressons de donner également ici un témoignage public de reconnaissance à M. le docteur Périn, qui a bien voulu nous aider de ses conseils et nous communiquer les documents nombreux et inédits qu'il possède sur sa ville natale.

Le projet d'érection d'une statue du sire de Joinville, l'un des premiers historiens qui ont écrit en langue nationale, en rappelant l'attention sur la ville dont il porte le nom, a fait naître en nous le désir de bien connaître tous les évènements relatifs à la cité qui s'honore de lui avoir donné naissance.

Cette intéressante histoire se trouve tout entière dans celle des seigneurs qui ont, pendant plus de sept siècles, illustré l'antique Joinville. Elle comprend toute la période qui commence à l'organisation de la féodalité, sous les faibles et impuissants successeurs de Charlemagne, et finit un demi-siècle après la mort du fameux cardinal de Richelieu qui, en portant les derniers coups de hache à l'arbre déjà violemment ébranlé par Louis XI, prépara la monarchie absolue du roi Louis XIV.

En publiant le résultat de nos investigations, nous n'avons point eu la prétention de faire une histoire, mais seulement d'en présenter les principaux évènements sous forme de TABLETTES HISTORIQUES.

Si le public daignait accueillir favorablement le travail consciencieux que nous lui offrons, cet accueil serait pour nous la plus douce récompense des laborieuses recherches auxquelles nous nous sommes livré pour assurer la vérité des faits et l'exactitude des dates qui y sont renfermées. Nous y verrions aussi un puissant encouragement pour publier plus tard un livre digne de la patrie du brillant compagnon d'armes de saint Louis.

Quoique depuis son passage dans le domaine de la famille d'Orléans, par la succession de Anne-Marie-Louise de Bourbon, dite la Grande-Demoiselle, la principauté de Joinville n'offre plus rien de bien remarquable ; nous avons cru devoir continuer, d'après le même plan, ces TABLETTES HISTORIQUES jusqu'à nos jours, c'est-à-dire en mêlant, suivant l'ordre chronologique, les faits relatifs à Joinville aux principaux évènements de la famille des princes d'Orléans, dont le troisième fils du roi Louis-Philippe porte encore aujourd'hui le nom de prince de Joinville.

JOINVILLE.

JOINVILLE, *Juncivilla*, *Jovis-Villa*, *Jovin-Villa*, *Joinvilla*, très ancienne baronnie, érigée en principauté en 1551 : capitale du Vallage, chef-lieu de subdélégation de l'intendance de Châlons-sur-Marne, baillage ressortissant du baillage présidial de Chaumont et du parlement de Paris. Election, gruerie et grenier à sel ; plus tard chef-lieu d'un des six districts du département de la Haute-Marne,

Aujourd'hui chef-lieu de canton, à 264 kilomètres de Paris, à 44 kilomètres de Chaumont et à 32 kilomètres de Saint-Dizier, sur la rive gauche de la Marne, dans un bassin agréable que traverse le chemin de fer de Blesme à Gray, au pied d'une haute colline couverte de bois et de riches vignobles,

Est située : latitude, 48° 26'; longitude orientale, 2° 48'; attitude au passage à niveau du Grand-Pont, 192 mètres.

INTRODUCTION.

On attribue généralement la fondation de Joinville à Flavius-Valerius JOVINUS, consul romain, chef de la cavalerie de Valentinien, empereur d'Occident (1). Cet illustre capitaine, pour se ménager un lieu de retraite contre les Allemands qui avaient envahi la province Rémoise, y aurait fait construire, en 369, une tour ou forteresse dont il restait encore quelques vestiges au commencement du 17e siècle.

Ses premiers habitants, attirés sans doute par l'avantage de la

(1) La ville de Reims se glorifie d'avoir donné le jour à Jovin, compagnon d'armes de l'empereur Jovien, et mis depuis par l'Église au nombre des saints.

En 361, ce général fut proclamé empereur dans sa province, après la mort de Jovien, compétiteur de Julien; mais il refusa la pourpre et apaisa lui-même la révolte excitée à ce sujet.

Il aida ensuite Julien l'Apostat à monter sur le trône de Constance (362), le suivit en Asie dans son expédition contre les Perses.

Il rendit aux successeurs de Julien d'éminents services en repoussant situation, s'établirent au pied du fort et formèrent peu à peu un bourg, devenu dans la suite une ville que le roi Louis-le-Gros fit, dit-on, entourer de murailles.

L'obscurité qui environne les premiers temps ne permet pas de distinguer comment Joinville devint baronnie, ni de connaître les seigneurs qui, jusqu'au 10e siècle, possédèrent successivement ce domaine. — « *Quelques personnes*, dit M. Fériel, se » fondant sur une charte du 7 mai 1314, et sur un titre du 6 » avril 1556, ont cru pouvoir affirmer que, dès le 9e siècle, » Joinville appartenait à la Maison de Broyes; mais elles ne nous » apprennent pas si ce domaine était tombé entre les mains des » seigneurs de Broyes, par alliance ou autrement. »

Le premier sire connu de notre cité fut un chevalier, nommé Etienne de Vaux, de cette même maison de Broyes. Il est question de lui dans tous les historiens, comme d'un homme d'honneur et d'importance. Eugelbert, comte de Brienne, chercha à se l'attacher en lui donnant en mariage sa sœur, suivant quelques auteurs; sa belle-fille, disent les autres, et ils devinrent d'un commun accord les protecteurs de l'abbaye de Montierender, fondée par saint Berchère en 664.

Les sires de Joinville avaient doté cette cité de plusieurs hospices, d'un collége et de quelques couvents. De tous les hôpitaux,

---

les Barbares que le flot des invasions rejetaient sans cesse sur la Gaule.

En 369, le général commandant dans les Gaules et qui résidait alors à Luteie (Paris), refusant de marcher contre les Allemands, Jovin se chargea de les repousser, et après les avoir battus dans les environs de Pont-à-Mousson, il vint camper sur les hauteurs qui dominent Joinville et s'y fortifia.

Il fut aussi le fondateur de Joigny.

Jovin mourut vers l'an 370. On voit encore aujourd'hui son tombeau dans la cathédrale de Reims.

celui de Sainte-Croix est le seul que l'on remarque encore aujourd'hui. L'église de Notre-Dame, le château du Grand-Jardin, la chapelle du cimetière et le couvent de la Pitié, sont encore debout ; mais le magnifique manoir que l'historien de saint Louis, partant pour la croisade, n'osait saluer d'un dernier regard, a complètement disparu. « Quelques pans de murs, enfouis sous » les décombres ou cachés par des sapins et des peupliers, sont » les seules traces visibles qui nous restent de l'imposante de- » meure des bienfaiteurs du pays. »

PREMIÈRE PARTIE.

MAISON DE JOINVILLE.

1027—1393

TABLETTES HISTORIQUES DE JOINVILLE.

1027—1059

ETIENNE DE VAUX,

Comte de Neufchâteau, fils de Renaud de Broyes, marié à N... sœur d'Eugelbert II, comte de Brienne.

1027. — Le roi Robert se trouvant à Reims pour le couronnement de son fils Henri, ordonne à Etienne de restituer sept églises dont ce chevalier s'était emparé depuis peu.

Une assemblée composée de dix évêques, de trois abbés et de plusieurs comtes, condamne le seigneur de Joinville et l'excommunie.

Etienne restitue une partie de ce qu'il avait enlevé aux moines du Der.

1030. — Le comte Eugelbert de Brienne donne sa sœur en mariage au sire de Joinville et lui cède la garde, comme avoué, de la rivière de Blaise pour l'abbaye de Saint-Berchaire (Charte de Dudon Ier, abbé de Montierender.) (1).

1055. — Etienne, aidé des libéralités d'Eugelbert, fait reconstruire le château de Joinville, à quelques pas de la tour dite de Jovin.

Ce manoir avait été élevé en 885. (*Lettres sur la Champagne*, par E. de Géronval ; Paris, 1822.)

1059. — Mort du premier seigneur connu de Joinville.

DESCENDANT D'ÉTIENNE :

GEOFFROY Ier, son successeur.

---

(1) A l'exemple des évêques, les moines, dont les possessions étaient souvent plus étendues que celles des barons, avaient choisi des protecteurs qui, sous le titre d'avoués, devaient prendre la défense de leurs biens ; mais fréquemment ils faisaient tout le contraire et usurpaient ce qu'on leur avait donné à conserver.

1059—1081

GEOFFROY Ier,

Comte de Joigny, fils d'Etienne de Vaux, marié à BLANCHE DE MOSELLANE, *fille du duc de Mosellane.*

1059. — Menacé d'excommunication s'il ne rend à une maison religieuse l'église de Vassy, dont son père s'était emparé, Geoffroy va trouver à Thonnance l'évêque de Châlons, Royer III, et remet cette église à l'abbaye de Montierender.

1060. — Il fortifie le prieuré de Joigny.

1062. — Bataille de Bologne. — Geoffroy y est fait prisonnier; Holdin, son fils, reste sur le champ de bataille.

Rentré à Joinville après avoir recouvré sa liberté, Geoffroy abandonne un fonds de terre qu'il possède à Vaucouleurs, pour y faire construire une abbaye.

1080. — Il établit plusieurs fondations à Molême, abbaye construite, en 1075, dans les environs de Tonnerre, par saint Robert, aidé de Reynaud, évêque de Langres.

1081. — Mort de Geoffroy Ier.

SES DESCENDANTS :

GUI, comte de Joigny; — RENAUD, — GEOFFROY II, — HOLDIN, mort à Bologne.

1081—1096

GEOFFROY II,

Troisième sire de Joinville, fils de Geoffroy Ier *et de Blanche de Mosellane, marié à Hodierne* DE COURTENAY, *fille de Josselin, seigneur de Courtenay, comte d'Édesse.*

1088. — Geoffroy s'engage par un traité signé de lui et de Dudon, à respecter les coutumes qui ont été observées par Étienne, son aïeul, dans les terres de l'abbaye de Montierender.

1090. — Il fait quelques donations à l'abbaye de Molême, tant en son nom que pour accomplir les dernières volontés de son père.

1095. — Geoffroy fait embellir le château de Joinville.

1096. — Gui, fils aîné de Geoffroy Ier, part pour la Terre-Sainte avec Godefroi de Bouillon, et y meurt sans postérité.

1096. — Mort de Geoffroy II.

SES ENFANTS :

VALFRID, mort sans postérité ; — RENAUD, comte de Joigny; — ROGER DE JOINVILLE, — HADEVIDE, dame d'Apremont ; — LAURE, religieuse.

1096—1130

ROGER,

Quatrième sire de Joinville, troisième fils de Geoffroy II *et de Hodierne de Courtenay, marié à* ADÉLAÏDE DE VIGNORY, *fille de Guy, seigneur de Vignory.*

1104. — Hugues, comte de Champagne, étant au concile de Troyes, fait à la ville de Bar-sur-Aube et à l'abbaye de Molême d'importantes donations.

Roger assiste au concile.

1109. — Le roi Louis-le-Gros fait entourer Joinville de murailles épaisses, liées entre elles par des tours qui dominent les maisons de la ville. *(Manuscrit de M. Larmet.)*

1112. — Roger cède à l'abbaye de Montierender le village de Saint-Remy, qu'il tenait du comte de Brienne.

1130. — Mort du sire de Joinville.

ENFANTS DE ROGER :

GEOFFROY III, — ROBERT, — GUI, évêque de Châlons ; — N..., abbesse ; — BÉATRIX, mariée à Henry III, comte de Grandpré.

1130—1184

GEOFFROY III, DIT LE GROS,

Sénéchal de Champagne (1), *fils aîné de Royer et d'Adélaïde de Vignory, marié à* Félicité de Brienne, *veuve de Simon de Broyes, seigneur de Beaufort-sur-Baye, fille d'Erard Ier, comte de Brienne, et d'Alix, dame de Roucy* (2).

1140. — Geoffroy fonde le monastère du Val-d'Osne, ordre de saint Benoît.

1144 — Il fonde aussi l'abbaye d'Écurey, ordre de Citeaux.

1147. — Godefroi de Rochetaillée, évêque de Langres, et le sire de Joinville, accompagnent en Palestine le roi Louis VII, dit le Jeune, et Conrad III, empereur d'Allemagne.

Les tristes résultats de cette deuxième croisade forcent les alliés de revenir en Europe, après le funeste siége de Damas et la malheureuse affaire d'Antioche.

1154. — Le comte de Champagne confère à Geoffroy le titre de sénéchal héréditaire de cette province.

---

(1) Tous les successeurs de Geoffroy ont porté ce titre.

(2) « Les nobles prirent des titres selon la qualité de leurs fiefs; ils » furent ducs, barons, marquis, comtes, vidames, chevaliers, quand ils » possédèrent des comtés, des duchés, des marquisats, des baronnies.

» Quelques titres appartenaient à des noms, sans être inhérents à des fiefs, cas extrêmement rare. »

1158. — Fondation de l'abbaye de Janvillers, ordre de Prémontrés.

Le sire de Joinville fonde ensuite la Maison de Mathons, ordre de Grammont, connue sous le nom des Ermites ou des Bons-Hommes.

1163. — Gui, troisième fils de Roger, est élu évêque de Châlons.

1168. — Après avoir établi à l'église Saint-Laurent de Joinville, un chapitre composé de quatre chanoines, Geoffroy donne des titres de fondation à l'abbaye de Saint-Urbain.

Cette maison date de 865. Charles-le-Chauve l'avait fait construire dans un village nommé *Villare*, en y annexant les terres de Vatrigneville (1).

1178. — Gui institue deux chanoines à Saint-Laurent de Joinville.

1180. — Il assiste, en qualité de grand-prieur de France, au sacre de Philippe-Auguste.

1184. — Mort du sire de Joinville. On l'enterre à Clairvaux. Avec l'aide de Gui, son frère, il avait fait construire l'église Saint-Laurent.

On ne sait pas précisément à quelle époque eut lieu cette fondation.

ENFANTS DE GEOFFROY III :

Geoffroy IV, — Gertrude, femme de Gérard II, comte de Vaudemont.

---

(1) Village qui n'existe plus aujourd'hui.

1184—1198

GEOFFROY IV, DIT LE JEUNE,

Sénéchal de Champagne, fils aîné de Geoffroy III et de Félicité de Brienne, marié à HELVIDE DE DAMPIERRE, *comtesse de Maillé et de Remignicourt, fille de Gui Ier, sire de Dampierre.*

1188. — Geoffroy visite l'abbaye de Montierender. L'abbé Wuiter, son cousin, bénit ses armes. Le sire de Joinville, reconnaissant, abandonne à Wuiter tous ses droits d'avoué sur les villages de la rivière de Blaise. (*Les Moines du Der*, par M. l'abbé R.-A. Bouillevaux, 1845.)

1189 — Il prend la croix et se range sous la bannière du roi de France, Philippe-Auguste, qui, uni à Richard Cœur-de-Lion, roi d'Angleterre, et à Frédéric Barberousse, empereur d'Allemagne, entreprend la troisième croisade.

1190. — Helvide (ou Adélaïde) et son fils Geoffroy V font donation au prieuré Saint-Jacques de la Maison-Dieu de Joinville, avec ses dépendances, et du bois sec de la forêt de Fays, nécessaire à cette maison.

« L'Hôtel-Dieu était le plus ancien des établissements charitables à joinville. Construit près du prieuré Saint-Jacques, il était destiné à nourrir et à loger les pauvres passants. (*Notes et Documents*, par M. Fériel, 1856.) »

L'époque de sa fondation n'est pas connue. Anciennement, on l'avait bâti près de la porte de Lorraine.

Gui, évêque de Châlons, établit un prévôt à l'église Saint-Laurent.

1198. — Mort du sire de Joinville. On le regarde comme l'un des meilleurs chevaliers de son temps.

Il fut enterré en Palestine (1).

DESCENDANTS DE GEOFFROY IV :

GEOFFROY V, — ROBERT, mort en Sicile; — SIMON, — GUILLAUME, archevêque de Reims ; — GUI, fondateur de l'abbaye de Boucheraumont, près Donjeux ; — ANDRÉ, chevalier du Temple; — YOLANDE, épouse de Raoul de Nesle, comte de Soissons ; — FÉLICITÉ, femme de Pierre de Bourlaymont ; — ALIX, mariée à Geoffroy de Faucognei.

---

(1) « Les chevaliers prenaient les titres de don, de sire, de messire et de monseigneur. Ils pouvaient manger à la table du roi; eux seuls avaient le droit de porter la lance, le haubert et la double cotte de mailles, la cotte d'armes, l'or, le vair, l'hermine, le petit-gris, le velours, l'écarlate. Ils mettaient une girouette sur leurs donjons; cette girouette était en pointe comme les pennons pour les simples chevaliers, carrée comme les bannières pour les chevaliers bannerets. On reconnaissait de loin le chevalier à son armure; les barrières des lices, les ponts des châteaux s'abaissaient devant lui.

» La chevalerie se conférait sur la brèche, dans la mine et la tranchée d'une ville assiégée, sur le champ de bataille, avant d'en venir aux mains. »

1198—1204

GEOFFROY V, DIT LE TROUILLARD,

Sénéchal de Champagne, fils aîné de Geoffroy IV et d'Helvide de Dampierre.

1199. — Thibaut V, comte de Champagne, voulant assigner le douaire de Blanche, son épouse, fille du roi de Navarre, convoque à cet effet, à Chartres, en assemblée solennelle, tous les grands officiers de la Champagne.

Geoffroy V se trouve à cette réunion.

—6 avril, mort de Richard, roi d'Angleterre. Ce monarque, témoin des exploits du sire de Joinville en Terre-Sainte, lui avait donné le droit de prendre la moitié de ses armes royales.

Dès lors, l'écusson de Geoffroy, qui portait trois broyes d'or liées d'argent en champ d'azur, eut en chef un lion de gueule naissant en champ d'argent (*Joinville,* par M. Fériel, 1835.) (1).

Pendant son séjour en Palestine et après le siége d'Acre, où il s'était fait remarquer par sa bravoure, il assomma d'un coup de trouble (instrument de pêche) un pirate génois qui se disposait à mettre le feu aux vaisseaux des Croisés.

Cette action hardie le fit surnommer le Trouillard ou Troulard. (*Ibid.*)

1204. — Mort du sire de Joinville. Thibaut, comte de Champagne, partant pour la Terre-Sainte, meurt à Compiègne.

(1) Les nobles se distinguaient par leurs armoiries, qui commencèrent à se multiplier au temps des croisades. Ils portaient ordinairement un oiseau sur le poing, même en voyage et au combat.

1204—1237

SIMON,

Septième sire de Joinville, sénéchal de Champagne, troisième fils de Geoffroy IV et d'Helvide de Dampierre, marié, en 1206, à Hemmangarde, dame de Montéclair, puis, en 1219, à Béatrix de Bourgogne, dame de Mornay, fille d'Etienne, comte de Bourgogne et d'Auxonne, et de Béatrix, comtesse de Châlons.

1208. — Fondation du village de Màthons, appelé d'abord *Villeneuve*, puis du nom d'une vaste forêt au milieu de laquelle il a été bâti.

1209. — Guillaume, archidiacre de Châlons et professeur de théologie, est élu évêque de Langres.

1212. — Ce prélat (quatrième fils de Geoffroy IV) fonde près de Chaumont le célèbre monastère du Val-des-Écoliers et dote cette nouvelle maison de rentes considérables.

—Une nouvelle croisade se dirige sur l'Égypte, conduite par les rois de Jérusalem, de Hongrie et de Chypre.

Plusieurs milliers d'enfants des deux sexes, qui avaient abandonné la France, l'Allemagne et l'Italie pour suivre l'armée des Croisés, périssent pendant la traversée.

Simon se distingue à la prise de Damiette. La population de cette ville est massacrée.

1213. — Gui, 59e évêque de Châlons, change en doyen le

prévot de Saint-Laurent de Joinville. Ce savant et charitable prélat mourut en Terre-Sainte et fut enterré dans la vallée de Josaphat, près de Jérusalem.

1214. — La lèpre fait d'immenses progrès en France. On présume que la fondation d'une léproserie, dite la Madeleine, au faubourg de Lorraine, remonte à cette époque (1).

1218. — Le sire de Joinville traite avec Blanche de Champagne, relativement au titre de sénéchal, que cette comtesse lui disputait.

— Mort de Hemmangarde, première femme de Simon.

1219. — Guillaume est élu archevêque de Reims.

Ce prélat assiste aux funérailles du roi Philippe-Auguste. Une dispute s'étant élevée entre lui et le cardinal Conrad qui prétendait officier, étant légat du pape, on décide que tous deux diront la messe dans le même temps, sur le même ton, à deux autels voisins, et que les évêques, le clergé et les moines leur répondront; « ce qui fut exécuté à la grande surprise de l'assemblée. » (Sainte-Foix, *Essais sur Paris.*)

— 6 août, Guillaume sacre à Reims le roi Louis VIII et Blanche de Castille, mère de saint Louis.

1224. — Simon est appelé à l'assemblée du comte de Champagne pour régler les partages des enfants mâles des nobles (2).

1226. — Guerre contre les Albigeois. Guillaume y prend une part active.

---

(1) Ces sortes d'hôpitaux étaient ordinairement bâtis près d'un grand chemin; ils avaient leur église, leur cimetière et leur pasteur particulier.

(2) Les serfs ne pouvaient posséder aucun meuble en toute propriété, acquérir ni tester; ils ne pouvaient être clercs s'ils n'avaient été affranchis; il leur était défendu, sous peine d'amende égalant un tiers de leurs biens, de se marier sans le consentement de leurs seigneurs; il ne leur était pas permis enfin de transférer, sans autorisation, leur domicile hors du lieu de leur naissance.

1227. — Ce prélat meurt à Saint-Flour. On l'enterre dans le cimetière des nobles à Clairvaux.

— Les barons de France, révoltés contre l'autorité de Blanche de Castille, envahissent la Champagne. Le sire de Joinville, resté fidèle à l'autorité royale, se jette dans Troyes à la prière des habitants. Le nom de ce défenseur impose tellement aux confédérés, qu'ils se retirent sans avoir osé tenter l'attaque (1).

1230. — Simon aide Mathieu, duc de Lorraine, dans la guerre que ce seigneur fait au comte de Bar-le-Duc.

1237. — Mort du sire de Joinville.

Il s'était déclaré le protecteur de l'abbaye du Der et avait fait de nombreuses donations tant à Molême qu'à Saint-Laurent.

DESCENDANTS DE SIMON :

GEOFFROY, seigneur de Montéclair ; — ISABELLE, mariée à Simon de Clermont ; — BÉATRIX, épouse de Vermont, vidame de Châlons.

JEAN, historien de saint Louis ; — GEOFFROY, seigneur de Vaucouleurs ; — SIMON, comte de Gex et de Marnay ; — GUILLAUME, archidiacre de Salins ; — SIMONNETTE, épouse de Gilles, connétable de France ; — MARIE, mariée à Guignes, dauphin du Viennois.

---

(1) Les ligués se réunirent près de Tonnerre, entrèrent en Champagne dans les premiers jours de juillet 1228 et se présentèrent devant Troyes pour en faire le siége. A la prière des habitants, Simon de Joinville se jeta dans la place et la défendit vaillamment.

Pendant les opérations du siége, plusieurs chefs se détachèrent de l'armée avec de nombreuses troupes.

(*Hist. des comtes de Champagne*, par M. J.-B. Bérand, 1842.)

Le corps aristocratique était à la fois oppresseur de la liberté commune et ennemi du pouvoir royal ; fidèle à la personne du monarque, alors même que ce monarque était criminel, et rebelle à sa puissance, alors même que cette puissance était juste. De cette fidélité naquit l'honneur des temps modernes.

1237—1319

JEAN DE JOINVILLE,

Historien de saint Louis, sénéchal de Champagne, fils de Simon et de Béatrix de Bourgogne, né en 1224, marié à Alix, *comtesse de Grandpré, puis à* Alix de Risnel (Reinel), *fille de Gauthier, seigneur de Reinel.*

1248. — Jean visite en pélerin les églises de Blécourt, de Saint-Urbain et de Donjeux.

Il prend ensuite l'écharpe et le bourdon des mains de l'abbé de Cheminon.

— Cinquième croisade. Le sire de Joinville, ayant réuni ses hommes d'armes et ses vassaux, se dispose à rejoindre saint Louis.

Il devient l'ami fidèle et le conseiller intime de ce monarque.

1250. — Bataille de Mansourah. Jean se comporte vaillamment dans cette affaire ; mais, désarçonné et blessé, il tombe au pouvoir des Turcs. Robert d'Artois, frère du roi, meurt pendant le combat.

1254. — Rentré à Joinville, presque seul de la brillante escorte qu'il avait emmenée à cette désastreuse expédition, Jean vend aux moines du Der ses possessions de Dommartin-le-Franc et envoie de beaux vitraux peints à l'église de Blécourt.

Le sire de Joinville donne à l'église Saint-Laurent l'écu de

Geoffroy IV, la ceinture de saint Joseph et un reliquaire représentant la Sainte-Chapelle de Paris et contenant des fragments de reliques rapportées de la Terre-Sainte par saint Louis.

1258, mai. — Il donne une chartre d'affranchissement aux habitants de Joinville.

1260, 20 avril. — Mort de Béatrix de Bourgogne, deuxième femme de Simon.

1263. — Jean fait rétablir à l'hôpital Saint-Jean, aussi nommé Maison-Dieu, une chapelle sous l'invocation de saint Jean-Baptiste, son patron.

1265. — Il donne à l'église du château divers revenus qu'il possède au village de Donjeux.

1272. — Fondation du village de Ferrières, à l'extrémité est de la forêt de Mâthons.

— Consécration de l'église de Blécourt, bâtie sur l'emplacement d'un temple construit par le roi Dagobert. On doit sa fondation à Jacques, curé de Blécourt, et à l'abbé de Saint-Urbain, seigneur du lieu.

Simon, père de Jean, avait fait extraire des carrières de Sombreuil les pierres nécessaires à l'édification de ce beau monument.

1284. — Mariage de Jeanne de Navarre, dernière héritière du comté de Champagne, avec le dauphin de France, devenu roi depuis, sous le nom de Philippe-le-Bel.

1288. — Mort d'Alix de Reinel, deuxième femme du sire de Joinville. Elle est inhumée à Benoitevaux.

1291. — Jean, en sa qualité de sénéchal héréditaire de Champagne, assiste aux Grands-Jours de Troyes, institution judiciaire dont les jugements sont sans appel.

1305. — Il publie l'histoire de saint Louis.

1309. — Le sire de Joinville s'étant emparé de papiers importants appartenant à l'abbaye de Saint-Urbain, l'abbé de cette maison se met sous la garde du roi de France.

Les religieux de Montierender cèdent à Anselme, fils de Jean, la seigneurie de Dommartin-le-Franc, en échange des droits d'avoué que ce seigneur possède sur Mertrud.

1315. — Le sire de Joinville accompagne Louis-le-Hutin dans la guerre que ce monarque fait aux Flamands.

Philippe-le-Bel ayant prélevé d'énormes impôts sur la Champagne et interdit aux seigneurs de guerroyer entre eux, les barons de ce pays, et parmi eux Jean de Joinville, s'en plaignent à Louis-le-Hutin, qui rapporte les défenses (1).

1317. — Jean donne la ceinture militaire à un roturier nommé Jacques Denon (2).

1319. — Mort du sire de Joinville. Ce grand homme avait été élevé à la cour de Thibaut, roi de Navarre. Il fut enterré dans l'église collégiale Saint-Laurent.

DESCENDANTS DE JOINVILLE :

JEAN, seigneur de Reinel; — ANSELME, — N..., mariée au duc de Lancastre.

---

(1) Les seigneurs avaient le droit de guerre, pouvaient armer leurs vassaux selon leur gré ou leurs besoins; ils devaient fournir au roi, en temps de guerre, un nombre de soldats proportionné à leur puissance.

Suivant les lois féodales, si le vassal devait suivre ou fournir des troupes à son suzerain, celui-ci, de son côté, devait secourir son vassal s'il était attaqué.

Le refus du vassal de secourir son souverain était un crime de félonie qui entraînait la confiscation de ses biens, et celui du souverain de protéger son feudataire était une faute, une déloyauté, dont la punition était de le priver de son droit à l'hommage.

(Histoire des comtes de Champagne.)

(2) Cette cérémonie conférait la noblesse.

1319—1349

ANSELME,

Comte de Vaudemont, sénéchal de Champagne, seigneur de Reinel, d'Ancerville, de Vaucouleurs et de Boué, maréchal de France, fils de Jean de Joinville et d'Alix de Reinel, marié à LAURE DE SARREBRUCK, *fille du comte de Sarrebruch, seigneur de Commercy, puis, en 1314, à* MARGUERITE DE VAUDEMONT, *fille unique de Henri, comte de Vaudemont, et d'Isabelle de Lorraine.*

1321. — Philippe-le-Long institue Anselme, le seigneur de Jully et l'abbé de Saint-Denis, ses exécuteurs testamentaires.

1322. Le sire de Joinville assiste au traité d'alliance conclu entre le roi de France et le roi de Castille.

Confirmation des chartres octroyées aux habitants de Laneuville-à-Mâthons, en 1208, 1260, 1263 et 1311, en vertu desquelles « les bourgeois et manants de ladite ville peuvent couper » et prendre, dans la forêt de Mâthons, tout bois mort et mort » bois sans fleurs ni feuilles, freusillons, harts, liens pour la » moisson, verges, échalas pour les vignes, bois gisant par terre, » bois blanc et chênes de 4 ou 5 pieds de tour, pour bâtir ou » restaurer les maisons, bois pour réparer tout charriot ou » brancard qui viendrait à se rompre;

» Et de faire pâturer en tout temps et saisons, dans ladite

» forêt, leurs bestiaux, avec poulains et petits, sans en payer » aucune amende ni intérêts. »

1324. — Par lettres patentes de Charles-le-Bel, Anselme est autorisé à percevoir sur les habitants de Mâthons un droit de juré et de bourgeoisie. «Ce droit consistait à payer chaque année un sol par livre de la valeur du mobilier qu'on avait ; les meubles étaient estimés par dix prud'hommes qui affirmaient par serment la vérité et l'impartialité de leur estimation.»

1328. — Le sire de Joinville est choisi par le roi pour être l'arbitre d'un différend qui occasionnait la guerre entre Louis, comte de Flandre, et Jean III, comte et duc de Brabant, pour la seigneurie de Malines.

1331. — Philippe de Valois règle ainsi les droits du sénéchal de champagne :

« Toutes les fois que cet officier se trouvera auprès du roi, » il recevra vingt sols par jour (1), une livre de chandelle de » cire, et un septier de vin de bouche; les jours de fête, le » double, et en outre cent sols pour son mantel ; douze grosses » pièces de grosse chair, douze pièces de poulaille et soixante » pains. »

Etablissement du grenier à sel à Joinville.

1334. — Anselme fait élever la chapelle des princes dans l'église Saint-Laurent et y fonde quatre chapelains.

Il échange à Philippe de Valois le fief de Vaucouleurs contre ceux de Potesse et de Clermont (2).

---

(1) On ne dit pas si c'était des sous d'or ou des sous d'argent ; le sou d'argent valait 20 sous d'aujourd'hui, et le sou d'or 7 fr.

(2) Le fief, qui naquit à l'époque où le servage germanique débouta la servitude romaine, constitua la féodalité. Dans les temps de révolutions et d'invasions successives, les petits possesseurs n'étant plus protégés par

1335. — Il est envoyé avec le maréchal de Briquebec pour recevoir les gens d'armes qui doivent accompagner le roi au voyage d'outre-mer.

1338. — Le sire de Joinville est élevé à la dignité de maréchal de France.

1348. — La terrible peste noire fait périr le tiers des habitants de la seigneurie de Joinville.

1349. — Mort d'Anselme. Il est inhumé dans sa chapelle.

DESCENDANTS D'ANSELME :

N...., fille de Laure ; — HENRI, — MARGUERITE, mariée à Hugues d'Amboise, seigneur de Chaumont ; — ISABELLE, femme de Jean de Vergy ; — Deux autres filles.

---

la loi, donnèrent leur champ à ceux qui le pouvaient défendre. De cet état de choses à la création du fief, il n'y avait qu'un pas, et ce pas fut fait par les Barbares ; ils avaient déjà l'exemple du bénéfice militaire, c'est-à-dire de la concession d'un terrain à charge d'un service. Il arriva que le roi et les autres chefs ne voulurent plus accepter des immeubles en installant le propriétaire donateur comme fermier de son ancienne propriété ; mais ils la lui rendirent, à condition de prendre les armes pour ses protecteurs ; ils s'engageaient, de leur coté, à secourir cette espèce de sujet volontaire.

Voilà le vasselage et la seigneurie.

L'esprit du fief s'empara à un tel point de la communauté, qu'une pension accordée, une charge conférée, un titre reçu, la concession d'une chasse ou d'une pêche, l'air même qu'on respirait s'inféoda.

Il y avait des fiefs de trois espèces générales :

Le fief banneret, fournissant 10 ou 25 vassaux sous bannière ;

Le fief de haubert. Il devait un cavalier armé de toutes pièces, bien monté et accompagné de deux ou trois valets ;

Le fief de simple écuyer, qui ne devait qu'un vassal armé à la légère.

Tous les fiefs et arrière-fiefs ressortissaient au manoir des seigneurs, comme à la tente du capitaine. (CHATEAUBRIAND.)

1349—1386

HENRI,

Lieutenant-général du royaume, comte de Vaudemont, sénéchal de Champagne, fils d'Anselme et de Marguerite de Vaudemont, marié, en 1346, à Marie de Luxembourg, *fille du châtelain de Lille, comte de Ligny, et d'Alix de Flandre.*

1350. — La guerre s'étant rallumée entre Jean-le-Bon et Edouard III d'Angleterre, Henri, au service du roi, se rend en Bretagne, ayant à sa solde quatre chevaliers-bacheliers et trente-cinq écuyers (1).

1351. — Le sire de Joinville envoie à Jean de Vergy un cartel dans toutes les formes de la chevalerie, et, n'ayant point d'enfants mâles, il offre pour otage l'un de ses cousins germains.

---

(1) Dans le comté de Champagne, il y avait trois degrés de noblesse, le banneret, le bachelier et l'écuyer. Pour être banneret, il fallait avoir un fief considérable, quatre bacheliers qui en relevassent, et plusieurs écuyers, de telle sorte qu'il pût former une compagnie, lever une bannière et avoir un cri pour le ralliement. La bannière était carrée et donnée au banneret par le comte, en présence des troupes. Le bachelier devait avoir sous ses ordres quatre écuyers en arrière fiefs ; il portait un pennon ou petit étendard se terminant en queue; il avait la qualité de sire, les éperons dorés et le droit de sceau comme le banneret. L'écuyer devait le service

1356. — Bataille de Poitiers. Les Français laissent huit mille hommes sur le champ de bataille. Le roi, treize comtes, soixante-dix barons et deux mille hommes d'armes tombent au pouvoir des Anglais. Henri assiste à cette affaire.

1359. — Un aventurier nommé Broquard de Fénétrange, avait été au service de la France contre Eustache d'Auberticourt; mécontent de la solde qu'il en avait reçue, il ravage la Champagne. Le seigneur de Joinville parvient à l'arrêter et le retient prisonnier.

Pendant sa détention, le feu prend au château; Brocard s'évade et continue de désoler le pays par ses brigandages.

1360, 8 mai. — Désastreux traité de Brétigny qui, en rendant la liberté au roi, cède la moitié de la France aux Anglais.

Henri est l'un des quarante seigneurs donnés comme otages pour l'exécution de ce traité.

— Les Tard-Venus ou Malandrins, soldats indisciplinés que la paix laisse inoccupés, ravagent la Champagne et la Bourgogne.

Ils s'emparent du château de Joinville, où ils pillent les provisions que les villages voisins y avaient apportées.

---

pour son simple fief; on l'appelait damoiseau; il portait des éperons simplement argentés.

A la suite des bannerets, bacheliers et écuyers, auxquels on donnait le nom d'hommes d'armes ou gens d'armes, marchaient à pied et à cheval, des servants, des archers, des couteliers à la grande ou petite paie.

Chaque banneret devait défrayer 28 ou 30 hommes d'armes, ce qui faisait une dépense considérable; car, indépendamment de ses valets, l'homme d'armes avait, pour le servir, 2 cavaliers armés, l'un d'une hache et d'un arc, l'autre d'une arbalète, quand cette arme était en usage. (Ouvrage déjà cité.)

1361. — Réunion de la Bourgogne et de la Champagne au domaine royal.

1363. — Henri, délivré des mains des Anglais, se jette sur la Lorraine. Le duc de cette province, les évêques de Toul et de Verdun, avec le comte de Bar et les bourgeois de Metz, marchent à sa rencontre; les ennemis s'attaquent près du village de Saint-Blin, et l'avantage reste à Henri.

1365. — Le sire de Joinville fait la paix avec le duc de Lorraine par la médiation du roi Charles V et celle de l'empereur d'Allemagne Charles IV.

1374. — Mort de Marie de Luxembourg. Elle avait apporté en dot à Henri 17,000 livres en argent et 1,000 livres de rentes.

1386. — Mort du sire de Joinville.

On le représente comme un autre Hercule, tranchant d'un coup d'épée la tête d'un taureau et même celle d'un homme armé.

ENFANTS DE HENRI :

Marguerite, — Alix, mariée à Thibaut de Neuchâteau, maréchal de Bourgogne.

1386—1393

MARGUERITE DE JOINVILLE,

Fille aînée de Henri et de Marie de Luxembourg, mariée, en 1370, à JEAN DE BOURGOGNE, *seigneur de Montaigu, puis, en 1375, à* PIERRE, *comte de Genève, frère du pape Clément VII.*

1386. — Henri n'ayant laissé que des filles, l'aînée, Marguerite, hérite de la baronnie de Joinville.

Alix, sa sœur, avait reçu en partage les terres de Chaligny, Urlacourt, Laferté, Bainville, Chatel-sur-Moselle, et la moitié des terres de Mâthons et de Morancourt, mais à la charge de tenir celles-ci en mouvance de Joinville.

1392. — Mort de Pierre, deuxième époux de Marguerite.

1393. — Charles, duc de Lorraine, désirant obtenir la main de Marguerite, envoie Ferri, son frère, en faire la demande en son nom; mais celui-ci, séduit par les attraits de la belle veuve, oublie son rôle d'ambassadeur et s'unit avec elle.

Marguerite lui apporte en dot la seigneurie de Joinville et le comté de Vaudemont.

DESCENDANTS :

Marguerite n'avait point eu d'enfants de ses deux premiers maris.

OBSERVATIONS

SUR LA PREMIÈRE PARTIE.

Les guerres privées étaient dans les mœurs du temps ; aussi les hostilités sont-elles continuelles entre seigneurs. Retranchés dans les nombreux manoirs qui hérissent toutes les hauteurs, ils vivent indépendants à l'abri de leurs murailles.

La condition du peuple est des plus misérables; les campagnes dévastées par le pillage, l incendie, la violence des barons, n'offrent souvent qu'un aspect de désolation. La *paix de Dieu*, suivie bientôt de la *trève de Dieu* (celle-ci portant défense de guerroyer depuis le mercredi soir jusqu'au lundi matin, pendant les grandes fêtes, comme aussi en temps de jeûne et dans le voisinage des églises), ne garantit pas toujours le pauvre laboureur, placé cependant sous la protection de cette paix.

La bataille de Bologne, la révolte des barons de France, la guerre entre le duc de Lorraine et le comte de Bar, le duel du comte de Vaudemont avec Jean de Vergy, et la bataille de Saint-Blin, sont les seuls faits que nous avons enregistrés, parce qu'ils se rapportent, soit directement, soit indirectement, à la seigneurie de Joinville.

Avec la guerre, les fondations religieuses préoccupaient ces terribles barons qui, redoutant la punition de leurs crimes dans l'autre monde, ne connaissaient pas de meilleur moyen de les effacer que de doter les monastères.

L'Église favorisait de tout son pouvoir ces tendances, en ouvrant des asiles nombreux aux misérables serfs qui cultivaient le sol; cela n'empêchait pas les seigneurs de s'emparer souvent des terres données aux abbayes; mais les moines ne cessaient de poursuivre le redressement des torts qu'on leur avait causés.

De là cette restitution d'églises par Etienne et que son fils continue après lui, ces fondations diverses et ces querelles avec l'abbé de Saint-Urbain. Celui-ci, vexé par le sire de Joinville, se met sous la garde du roi de France.

Au XIIe siècle, nos seigneurs se placèrent sous la bannière des comtes de Champagne dans le grand mouvement qui poussa les peuples chrétiens aux croisades.

Dès 1095, l'enthousiasme avait gagné toutes les classes de la population : prélats, abbés, seigneurs, chevaliers, moines, serfs, femmes, enfants, tous voulaient partir pour la Terre-Sainte.

Une multitude de gens sans aveu, sans état, qui, n'ayant rien à perdre, se mêlent à tous les mouvements d'une grande nation, abandonnèrent alors leurs travaux habituels pour suivre l'armée.

D'effroyables calamités marquèrent leur passage dans la Bavière, la Hongrie et l'empire grec. Cette masse indisciplinée marchant sans ordre, fut bientôt exterminée par les Turcs.

On évalue à trois cent mille le nombre des guerriers sortis de France en même temps que Guy, frère de Geoffroy II.

La baronnie avait beaucoup souffert pendant l'absence de Jean de Joinville ; aussi plus tard, en 1270, lorsque saint Louis, méditant une nouvelle croisade, fit appel à ses barons, le sénéchal de Champagne refusa de suivre une seconde fois le roi de France, disant « que s'il mettait sa personne à l'aventure du

» pélerinage de la Croix, il voyait tout clair que ce serait au mal
» et dommage de sa gent. »

Nous avons dit que les chevaliers avaient seuls le droit de porter la lance, le haubert, la double cotte de mailles, la cotte d'armes, l'or, l'hermine, le velours, l'écarlate.

« Les chevaliers emboîtaient leur tête dans un casque (doré pour les rois, argenté pour les principaux feudataires, d'acier pour les gentilshommes de haute race, et simplement de fer pour les autres), qui leur garantissait la tête, le visage et la partie postérieure du col, et qui était à l'épreuve de la hache d'armes et de la massue. Pour visière, ce casque ou heaume, car il portait aussi ce nom, avait une petite grille qui se haussait et se baissait à volonté, et par laquelle, lorsqu'on la faisait rentrer sous ce casque, il était facile de prendre l'air, soit avant, soit après le combat. Quand on la baissait, elle s'adaptait à une mentonnière qui la tenait exactement fermée, et au bas de laquelle se trouvait un hausse-cou, espèce de collet de fer détaché du reste du casque, qui s'y joignait par un collier de même métal et descendait jusqu'au défaut des épaules.

» La plupart des chevaliers chargeaient cette armure d'un cimier. Ce cimier était, pour les rois et les princes, une couronne, et quelque figure pour les gentilshommes ; mais le plus souvent des monstres et autres objets frappants et terribles. On substitua à cet ornement, fardeau inutile, des lambrequins, espèce de rubans dont on se servait pour arrêter le chaperon sur le casque, et qu'on entortillait au pied du casque. Le chaperon était un bonnet de mailles enveloppant tout le heaume lorsque le chevalier combattait. Quand il voulait prendre l'air, il ôtait son casque et se couvrait du chaperon ; alors les lambrequins voltigeaient sur les épaules.

» Le chaperon ou bonnet, ou chapeau de fer, était l'armure de tête de l'écuyer et de la cavalerie légère, auxquels il n'était pas permis de porter le heaume. L'écuyer ne pouvait combattre qu'avec l'épée et l'écu ; le chevalier pouvait se servir à son gré de différentes armes.

» Il n'était pas permis à l'écuyer de chausser les éperons argentés. Les éperons dorés étaient le signe distinctif du chevalier.

» Les épées étaient tranchantes seulement d'un côté et assez massives pour fracasser les armes défensives. Ces épées étaient suspendues à un baudrier ou à un ceinturon.

» A l'épée on joignait ordinairement un poignard, un couteau, une dague.

» L'infanterie, composée de serfs et de vilains, ne pouvait faire usage, en voyage ou en guerre, que d'un grand couteau.

» Les dagues étaient de différentes formes, selon le rang de ceux qui les portaient. Ils l'attachaient à la ceinture ou au côté. La plus remarquable était celle qu'on appelait *miséricorde.* Quand un chevalier avait renversé de cheval son ennemi, il sautait promptement au bas du sien, quittait son épée, et, tirant sa dague, il l'enfonçait dans le corps de son ennemi, au défaut de l'armure, s'il ne demandait quartier et ne criait *miséricorde !*

» On avait encore l'usage des javelots, espèce de flèches, non pour les lancer à la main, comme sous la première et la deuxième race. Il y en avait de plusieurs sortes : l'une, appelée carreau, était carrée comme son fer ; le vireton volait ou tournait en l'air, au moyen de pennes ajustées pour lui faire conserver l'équilibre. Le matras était plus long et plus gros que les flèches ordinaires. Il était armé d'un gros fer rond qui fracassait haubert, bouclier, gobisson, plastron, et qu'on envoyait aussi à l'ennemi avec l'arbalète.

» Les chevaliers et les hommes d'armes se servaient de la lance, armée à l'une de ses extrémités d'une pointe d'acier bien trempé qui perçait quelquefois son adversaire d'outre en outre, et lui faisait très souvent vider les arçons. Vers ce fer, on plaçait un gonfalon, longue et traînante banderole qui flottait au gré du vent.

» Ils avaient aussi deux haches : l'une d'elles avait le manche ferré des deux côtés par le haut; l'un des côtés de cette arme était une pointe fort aiguë ou un croissant dont les deux bords étaient également pointus. L'autre, connue sous le nom de hache d'armes et de besaiguë, était plus dangereuse que la première.

» Pour briser les armes de leurs ennemis, ou les assommer, les chevaliers les frappaient avec une massue finissant en pointe par le bout que tenait le chevalier, et grossissant et s'arrondissant par l'autre, avec de longues pointes de fer.

» Ils se servaient quelquefois de masses d'armes, armées d'un boulet de huit livres, de fer rond ou oblong, cannelé ou armé de pointes de fer, attaché à un gros bâton par trois chaînons également en fer et tenant à la main du guerrier qui le maniait, par une chaîne ou un cordon.

» Jusqu'à ce que les troupes aient été formées en corps disciplinés, elles avaient coutume de jeter de grands cris au moment où elles fondaient sur l'ennemi. Chaque nation avait un mot qui lui était particulier, le cri de guerre.

» La tactique militaire consistait alors (XIe siècle) à se mettre dans un poste avantageux, appuyé d'une montagne, d'un marais, d'une rivière ou de toute autre fortification qui empêchât l'ennemi d'envelopper la troupe qu'on lui opposait, ou de la prendre en flanc. S'il pleuvait, on s'efforçait d'avoir le vent pour soi, de façon qu'il rejetât la pluie sur les ennemis et relâchât les cordes de leurs arcs et les cables de leurs arbalètes. S'il faisait, au contraire, un grand soleil, on se plaçait de manière à l'avoir au dos, pour qu'il donnât droit dans les yeux des ennemis et les éblouît.

» L'armée se rangeait ordinairement en lignes appuyées sur deux ailes. Ces lignes étaient séparées par un assez long intervalle nécessaire pour faire le coup de lance dans la mêlée. On laissait même quelques espaces vides afin que ceux qui étaient obligés de fuir puissent se replier sur le centre et ouvrir un passage au corps arrivant à leur secours.

« Les fantassins avaient sur la tête une espèce de casque appelé capelin, fait de mailles de fer, finissant en rond et qui, avec le gorgerin, ne formait qu'une seule pièce. Les bras et les jambes étaient couverts d'une armure de mailles qu'on appelait un jaque. Quelques-uns avaient encore pour arme défensive la targe, faite d'osier, creuse en dedans et recouverte du bois le plus léger.

» La cavalerie engageait toujours le combat, l'infanterie escarmouchait avec la fronde et la flèche. Elle devait encore tirer la cavalerie des dangers pressants où son armure l'exposait.

» Les chevaux avaient un caparaçon très long et très ample. Ils avaient sur la tête et sur tout le corps une couverture de cuir ou de mailles de fer comme le haubert ; leur tête était couverte d'une armure plus forte, espèce de masque appelé chanfrein, couvert d'or et enrichi de pierreries. Au milieu s'élevait un large fer rond se terminant en pointe et servant à percer tout ce qui choquait la tête du cheval (1).

« La cavalerie, dit M. de Châteaubriand, avait pour pièce principale de son armure le *haubert*, qu'on appelait encore jaque de mailles; c'était une tunique faite de petits anneaux de fer, que les seuls chevaliers pouvaient porter; de là le nom de fief de haubert attribué aux domaines des chevaliers assez puissants pour posséder cette dignité dans toute son étendue.

» Les écuyers portaient le haubergeon, espèce de haubert beau-

---

(*Hist. des comtes de Champagne*, par M. J.-B. Bérand, 1842.)

coup plus léger que le précédent et d'une résistance plus faible.

» A la cotte de mailles, dont les anneaux étaient doubles pour les chevaliers, s'attachaient les chausses, faites des mêmes anneaux, et couvrant la jambe ; sous le haubert se plaçait le gobisson ou gambeson, espèce de pourpoint fort long, rembourré de laine et piqué, fait de taffetas ou de cuir, et dont l'effet était d'amortir les coups qui, sans percer entièrement le haubert, auraient pu faire de cruelles contusions en enfonçant les mailles dans la chair. Sous le gobisson, on mettait un plastron de fer ou d'acier battu, comme une cuirasse destinée à rendre le corps impénétrable.

» Sur cette armure, les princes et les chevaliers les plus distingués endossaient une cotte d'armes, espèce de casaque ou de soubreveste en forme de dalmatique sans manche ; elle était en drap le plus fin, quelquefois d'un brocard d'or ou d'argent, de fourrures ou de panne précieuse ; elle descendait jusqu'aux genoux, et, le plus souvent, elle était chargée des armoiries du chevalier.

» Les ducs de Lorraine portaient une écharpe jaune ; les comtes de Champagne avaient adopté l'aurore et le bleu. Les vassaux de ces principautés mêlaient ces couleurs avec la leur par un galon plus ou moins large. »

Le même auteur, dans son analyse raisonnée de l'*Histoire de France*, nous apprend « que les diverses classes de la société et les différentes provinces, dans le moyen-âge, se distinguaient, les unes par la forme des habits, les autres par des modes locales. La noblesse, les chevaliers, les magistrats, les évêques, le clergé séculier, les religieux de tous les ordres, les pélerins, les pénitents gris, noirs et blancs, les ermites, les confréries, les corps de métiers, les bourgeois, les paysans, offraient une variété infinie de costumes.

» Le paysan et l'homme du peuple portaient la casaque grise ou la jaquette, liée aux flancs par un ceinturon ; le sayon de peau, dont est venu le surplis, était commun à tous les états. La pelisse fourrée et la robe longue enveloppaient le chevalier quand il quittait son armure.

» Les haut-de-chausses s'arrêtaient au milieu de la cuisse; les deux bas-de-chausses étaient dissemblables ; on avait une jambe d'une couleur et une jambe de l'autre. Il en était de même du hoqueton, mi-parti noir et blanc, et du chaperon, mi-parti bleu et rouge.

» Par-dessus la robe, dans les jours de cérémonie, on attachait un manteau, tantôt court, tantôt long.

» Les souliers pointus et rembourrés furent longtemps en vogue ; l'ouvrier en découpait le dessus comme des fenêtres d'église. Ils étaient longs de deux pieds pour le noble, ornés à l'extrémité de cornes ou de figures grotesques ; ils s'allongèrent encore, de sorte qu'il devint impossible de marcher sans en relever la pointe et l'attacher au genou avec une chaîne d'or ou d'argent.

» Les modes variaient autant que de nos jours.

» Les gentilles fames usaient sur la peau d'un linge très fin ; elles étaient vêtues de tuniques montantes enveloppant la gorge, armoriées à droite de l'écu de leur mari, à gauche de celui de leur famille. Tantôt elles portaient les cheveux ras, lissés sur le front et recouverts d'un petit bonnet entrelacé de rubans. Tantôt elles les bâtissaient en pyramide haute de 3 pieds ; elles y suspendaient ou des barbettes, ou de longs voiles, ou des banderolles de soie tombant jusqu'à terre et voltigeant au gré du vent.

» On fut parfois obligé d'élever et d'élargir les portes pour donner passage aux coiffures des châtelaines. Ces coiffures étaient soutenues par deux cornes recourbées, charpente de l'édifice ;

du haut de la corne, du côté droit, descendait un tissu léger que la jeune femme laissait flotter ou qu'elle ramenait sur son sein, comme une guimpe, en l'entortillant à son bras gauche.

» Une femme en plein *esbatement* étalait des colliers, des bracelets et des bagues ; à sa ceinture, enrichie d'or, de perles et de pierres précieuses, s'attachait une escarcelle brodée. Elle galopait sur un palefroi, portait un oiseau au poing ou une canne à la main. »

La chasse était le grand déduit de la noblesse ; on citait des meutes de 1,600 chiens. On abandonnait aux roturiers l'usage des filets.

Quant au repas, on l'annonçait au son du cor chez les nobles; cela s'appelait *corner l'eau*, parce qu'on se lavait les mains avant de se mettre à table. On dînait à neuf heures du matin et l'on soupait à cinq heures du soir. On était assis sur des bancs, tantôt élevés, tantôt assez bas, et la table montait et descendait en proportion. Du banc est revenu le mot *banquet*.

On mangeait à peu près tout ce que nous mangeons et même avec des raffinements que nous ignorons aujourd'hui.

On usait en abondance de bière, de cidre et de vins de toutes sortes.

Le clairet était du vin clarifié mêlé à des épiceries, du vin adouci avec du miel.

Des lois n'accordaient aux riches que deux services et deux sortes de viande, à l'exception des prélats et des barons qui mangeaient de tout et en toute liberté. Elles ne permettaient la viande aux négociants et aux artisans qu'à un seul repas. Pour les autres repas, ils devaient manger du beurre, du lait et des légumes.

On rencontrait sur les chemins des litières, des mules, des palefrois. Les roues des charrettes étaient à l'antique. Les chemins se distinguaient en chemins *péageaux* et en sentiers. Des lois en réglaient la largeur : le chemin péageau devait avoir quatorze pieds. Les sentiers pouvaient être ombragés, mais il fallait élaguer les arbres le long des voies royales, excepté les *arbres d'abri*. Le service des fiefs creusa cette multitude infinie de chemins de traverse dont nos campagnes sont sillonnées.

DEUXIÈME PARTIE.

MAISON DE LORRAINE.

1393—1688

1393—1415

FERRI Ier DE LORRAINE,

Seigneur de Rumigny, comte de Boves, de Daubenton, de Martigni et de Vaudemont, fils de Jean 1er, duc de Lorraine, et de Sophie de Virtemberg, né en 1365, marié, en 1393, à MARGUERITE DE JOINVILLE, *veuve de Jean de Bourgogne et de Pierre, comte de Genève.*

1401. — Isabelle, fille de Ferri, comtesse de Nassau, épouse en secondes noces Henri, comte de Blamont.

1403. — Construction de la chapelle Saint-Michel, sur le chemin qui conduit au château.

— Donations diverses à Saint-Laurent.

1415, 25 octobre. — Bataille d'Azincourt, où les plus nobles faits d'armes ne sauvent pas les Français d'une déroute complète. Le roi y perd sept de ses parents les plus proches et plus de huit mille gentilshommes. Parmi les seigneurs, on compte le comte de Dampierre et le sire de Joinville.

Les sires Lorrains gardant leurs alérions, la ville de Joinville abandonne alors la tour de Jovin, qui figurait dans ses armes, et adopte les broyes d'or de ses seigneurs.

ENFANTS DE FERRI Ier :

ANTOINE, — FERRI, — CHARLES, seigneur de Boves; — JEAN, seigneur de Fleurines; — ISABELLE, épouse de Philippe, comte de Nassau; — MARGUERITE, femme de Guillaume de Vienne; — JEANNE, mariée, en 1420, à Jean, comte de Bar.

1415—1447

ANTOINE DE LORRAINE,

DIT LE MAUVAIS,

Comte de Vaudemont, seigneur de Rumigni, sénéchal de Champagne, fils de Ferri Ier et de Marguerite de Joinville, marié, en 1417, à Marie d'Harcourt, *dame de Mayenne, d'Aumale et d'Elbœuf, fille de Jean, comte d'Harcourt, et de Marie d'Alençon.*

1416. — Marguerite, épouse de Ferri Ier, meurt à Joinville et y est enterrée à côté de son mari.

1419, 10 septembre.—Mort de Jean-sans-Peur, duc de Bourgogne, assassiné à Montereau, dans son entrevue avec le dauphin (Charles VII).

L'histoire rapporte qu'on voulait jeter son corps dans la Seine; le curé de Montereau obtint qu'il lui fût remis et il l'ensevelit à l'hôpital dans la bière des pauvres. Ferri de Lorraine, que nous avons vu mourir à Azincourt, avait, en 1408, mis sa valeur au service de Jean-sans-Peur, contre les Liégeois et contre le duc d'Orléans.

1425. — Joinville donne naissance à Henri, deuxième enfant d'Antoine de Lorraine.

— Les chanoines de Saint-Laurent intentent au sire de Joinville un procès qui ne dure pas moins de dix ans. Antoine y avait donné lieu en s'emparant des biens acquis par le chapitre sans amortissement, ce qui lui vaut le surnom de *Mauvais* (1).

1431, 2 juillet. — Bataille de Bulgnéville, où Réné d'Anjou, duc de Lorraine, complètement battu et blessé en trois endroits, est fait prisonnier, puis conduit à Dijon et enfermé dans la tour appelée depuis tour de Bar.

Le but de l'agression était l'héritage du duché de Lorraine, qu'Antoine réclamait en vertu de la loi salique.

1437. — Le sire de Joinville acquiert des mains d'Amé de Saulx, et moyennant deux mille livres, la seigneurie de Doulevant-le-Château.

1440. — Il met la terre de Joinville sous la suzeraineté de Charles VII.

1443. — Le duc de Lorraine obtient sa liberté, par la médiation du roi de France, mais sous caution.

Il cède plusieurs places au duc de Bourgogne, allié du sire de Joinville, et donne en mariage sa fille aînée au fils de ce dernier.

1444.—Ferri, fils d'Antoine, épouse, à Nancy, Yolande, fille de Réné d'Anjou. Telle avait été la rançon exigée par le vainqueur de Bulgnéville.

1447, 28 octobre. — Mort du sire de Joinville. Il est enterré dans l'église collégiale de Vaudemont.

DESCENDANTS D'ANTOINE :

Ferri II, — Henri, évêque de Metz ; — Philippe, — Jean, — Marguerite, — Catherine, — Marie, — Marie-Marguerite.

---

(1) L'amortissement était la faculté d'acquérir accordée à des gens de main-morte. Une fois l'acquêt consommé au moyen d'un dédommagement ou du rachat pour la seigneurie dont l'acquêt relevait, la propriété mouvait, c'est-à-dire qu'elle était retirée de la circulation, et que tous les droits de mutation se perdaient.

1447—1472

FERRI II DE LORRAINE,

Grand sénéchal d'Anjou, comte de Vaudemont et de Provence, roi de Jérusalem, de Sicile, de Naples, de Hongrie et d'Aragon, duc de Bar, de Lorraine et d'Anjou, fils aîné d'Antoine et de Marie d'Harcourt, marié, en 1444, à Yolande d'Anjou, *née en 1428, fille de René d'Anjou et d'Isabelle, duchesse de Lorraine.*

1449. — Conquête de la Normandie par Charles VII. Ferri se distingue à Formigny et pendant toute la durée de cette campagne.

1451. — Le sire de Joinville ayant acquis la baronnie d'Éclaron, paie à la veuve de Guillaume de Kioskéby, capitaine et seigneur usufruitier de Vassy, 300 florins d'or pour droits de quint et de requint (1).

1455. — Le Parlement de Paris adjuge à Jean de Vergi, seigneur de Vignory, la Terre de Sailly, qui lui était disputée par Ferri, comme seigneur dominant.

1456, 19 février. — Le roi, par la puissance de fief, se rend propriétaire des deux tiers de Saint-Dizier, en remboursant le

(1) «Non-seulement le roi, grand chef féodal qui se substentait du revenu de ses domaines, levait encore des taxes, mais tous les seigneurs suzerains et non suzerains, ecclésiastiques ou laïques, en levaient aussi de leur côté. Les droits de quint et de requint, de lods et ventes, de mylods, de ventrolles, de reventes, de reventons, de sixièmes, huitièmes, treizièmes, de resixièmes, de rachats et reliefs, de plaid, de morte-main, de rettiers, de pellage, de coutelage, d'affouage, de cambage, de cottage, de péage, de vilainage, de chevage, d'aubain, d'ostize, de champard,

comte de Vaudemont. Le sire de Joinville avait acheté ces droits à Jean de Vergy, le 12 mars 1450.

1461. — La Catalogne et le Roussillon s'étant révoltés contre Jean II, roi de Navarre et d'Aragon, le roi de France envoie contre ces provinces une armée nombreuse. Ferri y brille par sa valeur.

1465. — Il aide Jean de Calabre, son beau-frère, à reconquérir l'Anjou.

Le duc de Calabre faisait partie de la ligue du Bien-Public, avec les ducs de Nemours, de Bourbon et de Bretagne.

1470. — Ferri lègue à l'Hôtel-Dieu de Joinville deux mille écus d'or destinés à la réédification de cette maison, « lequel hospital » et logis des povres, assis près de l'église et prieuré de Saint- » Jacques, lorsque son feu seigneur et père l'avait fait démolir » au moyen des guerres et affaires. »

1472, 31 août. — Il meurt à Nancy. Translation de son corps à Joinville. Il est inhumé dans l'église Castrale, au milieu du chœur.

ENFANTS DE FERRI II :

RÉNÉ, — MARGUERITE DE LORRAINE, née à Joinville, en 1468, mariée à Réné, duc d'Alençon, morte à Argentan, le 1er novembre 1521. Elle fonda les maisons religieuses d'Alençon et de La Flèche ; — NICOLAS, — PIERRE, — JEANNE, — YOLANDE.

---

de mouture, de fours banaux, s'étaient venus joindre aux droits de justice, au casuel ecclésiastique, aux cotisations des jurandes, maîtrises et confréries, et aux anciennes taxes romaines.

» Il est probable que la masse entière du numéraire passait chaque année dans les mains du fisc royal et particulier, car les marchands et les ouvriers, serfs encore, appartenaient à des corporations de villes ou à des maîtres ; ils ne formaient pas une classe généralement indépendante ; ils touchaient à peine un bas salaire ; le prix de leurs denrées et le travail de leurs journées souvent n'étaient pas à eux.»

1472—1508

RÉNÉ,

Duc de Lorraine, comte de Vaudemont, fils aîné de Ferri II et d'Yolande d'Anjou, né à Joinville en 1451, marié, le 2 juin 1471, à JEANNE D'HARCOURT-TANCARVILLE, *fille unique de Guillaume, comte d'Harcourt et de Montgommery, répudiée pour cause de stérilité en 1485, puis, le 1er septembre 1485, à* PHILIPPINE DE GUELDRES, *morte âgée de 84 ans, enterrée au couvent des sœurs Claires, à Pont-à-Mousson, fille d'Adolphe d'Egmont, duc de Gueldres, et de Catherine de Bourbon, sœur unique de Charles de Gueldres.*

1473. — Yolande, devenue duchesse de Lorraine, par la mort de son frère Jean de Calabre, et celle de son neveu Nicolas, abdique à Veselize, dans une assemblée de notables, en faveur de Réné, son fils.

— 12 août. — En conséquence de cette abdication, Réné réunit le duché de Lorraine à sa maison.

1476.—Marie d'Harcourt, femme d'Antoine, meurt le 19 avril, âgée de 78 ans. Elle est enterrée au prieuré de Notre-Dame-du-Parc-d'Harcourt.

1477, 5 janvier. — Charles-le-Téméraire, duc de Bourgogne, meurt devant Nancy. Son corps, à demi engagé dans un étang glacé, n'est retrouvé que deux jours après, et reconnu à la longueur de ses ongles et à une cicatrice.

Ce duc, voulant disputer la Lorraine à Réné, avait pénétré dans cette province, qu'il soulevait par ses cruautés. Il fut vaincu par le sire de Joinville, aidé des Suisses, après la bataille de Morat.

Le châtelain de Saint-Dié avait porté le coup mortel à Charles, alors que ce dernier prenait la fuite.

Le soir même (5 janvier), Réné entre dans Nancy aux flambeaux. Les bourgeois avaient fait réunir dans la cour de son palais un grand nombre de têtes de chevaux, d'ânes, de chiens et autres animaux dont ils s'étaient nourris pendant le siége.

Le sire de Joinville assista aux funérailles de son ennemi et fit élever une croix à l'endroit où le corps de Charles-le-Téméraire avait été retrouvé.

1481, 6 décembre. — Charles d'Anjou étant tombé malade à Marseille, institue Louis XI pour son héritier universel, puis il meurt. Malgré les réclamations de Réné, cette institution est maintenue.

1483, 21 février. — Donation faite par Yolande d'Anjou à l'Hôtel-Dieu de Joinville.

— 22 février. — Yolande, née à Bar-le-Duc en 1428, meurt à Joinville, âgée de 55 ans. Elle est enterrée à Saint-Laurent.

1484. — Réné prend possession du duché de Bar, après la mort de son grand-père maternel.

1488. — Mort de Jeanne d'Harcourt-Tancarville, femme répudiée du sire de Joinville.

1496, 16 août. — Par son testament, Henri de Lorraine, fils puîné d'Antoine, évêque de Metz, laisse 2,000 livres et 600 écus d'or à l'église Saint-Laurent.

1500. — L'évêque de Châlons, seigneur de Thonnance et de

Suzannecourt, confirme Réné dans ses droits sur les cours d'eau desdits lieux.

1501. — Le sire de Joinville abandonne au chapitre Saint-Laurent une portion des dixmes qui lui reviennent, à la charge de faire élever des enfants de chœur et de *les faire endoctriner en grammaire et musique pour chanter l'office au château.*

1503, 1er mars. — Il donne au même chapitre les dixmes qu'il possède à Dammartin-le-Franc.

— 7 juillet. — Henri, évêque de Metz, confirme cette donation, en sa qualité de seigneur usufruitier de Joinville.

1504. — Guillemette Perraut, veuve de Gérard d'Allichamps, en son vivant grenetier au grenier à sel de Joinville, et son fils, Gérard d'Allichamps, chanoine de Saint-Laurent, font construire la chapelle de Sainte-Anne, au cimetière de Joinville.

Selon toutes probabilités, le cimetière existait avant cette fondation.

Précédemment, il avait été établi sur la place qui sépare les halles de l'église Notre-Dame.

1505, 20 octobre. — Henri meurt au château de Joinville. Il avait été docteur, chanoine de Toul, puis évêque de Thérouanne et enfin de Metz.

Il fonda une chapelle avec quatre chapelains à Saint-Laurent. Les habitants de Joinville lui durent le jeu de l'Arquebuse, dont il avait voulu être le premier chevalier.

1506, 11 janvier. — L'évêque de Toul approuve, à Neufchâteau, la donation faite par le sire de Joinville le 1er mars 1503, et confirmée par l'évêque de Metz le 7 juillet suivant.

1508, 10 décembre. — Réné meurt d'apoplexie au château de Fains. Il est regardé comme l'un des plus grands et des meilleurs princes qu'ait eus la Lorraine. Protecteur des lettres et des savants, il s'était fait adorer de ses sujets.

Il rendit aux chanoines de Saint-Laurent certains biens qui leur avaient été enlevés par Antoine et y ajouta les terres de Pansey, Courcelles, Charmes-en-l'Angle, Charmes-la-Grande, Cousance, Fronville, Chevillon, Dommartin-le-Franc et autres.

« Réné avait fait partie de toutes les ligues formées alors en France au sujet de la Régence ; mais trompé par tous les partis, il s'était retiré à Fains où la mort vint le surprendre alors qu'il se livrait aux plaisirs de la chasse. »

DESCENDANTS DE RÉNÉ :

ANTOINE, héritier des duchés de Bar et de Lorraine et du comté de Vaudemont ; — CLAUDE, — JEAN DE LORRAINE, évêque de Metz.

1508—1550

CLAUDE DE LORRAINE,

Premier duc de Guise, sénéchal héréditaire de Champagne, duc d'Aumale, marquis du Maine, de Mayenne et d'Elbeuf, pair et grand-veneur de France, chevalier de l'ordre du roi, gouverneur de Bourgogne et de Brie, baron de Rostot, Groslay, Boué, Beauménil, Orgon, Quatre-Barres, Éclaron et Joinville, fils puîné de Réné et de Philippine de Gueldres, né au château de Condé, le 20 octobre 1496, marié, à l'hôtel d'Étampes à Paris, le 18 avril 1513, à ANTOINETTE DE BOURBON, *fille de François de Bourbon, comte de Vendôme, et de Marie de Luxembourg.*

1509. — Louis XII déclare la guerre aux Vénitiens. Victoire d'Agnadel. Antoine, frère du sire de Joinville, y combat sous les ordres du célèbre Bayard. Celui-ci prend la part la plus glorieuse à la conquête de cette partie de l'Italie.

Après la mort de Réné, Claude ayant transigé avec son frère relativement à la possession de la Lorraine, vient en France et y obtient des lettres de naturalisation.

Le roi lui accorde en outre la charge de grand-veneur.

1513. — Claude se concilie l'amitié du roi. Ce monarque lui fait épouser Antoinette, sœur de Charles de Vendôme, née à Ham le 25 décembre 1493.

1515, 14 septembre. — Bataille de Marignan. Elle dure deux

jours. François Ier en a tout l'bonneur. Claude, âgé de 18 ans, et Antoine, son frère, s'y font remarquer par leur valeur. Le premier, percé de 22 blessures et entouré d'ennemis, ne doit son salut qu'au généreux courage de son écuyer, Adam de Nuremberg, qui meurt en défendant son maître (1).

1516, 17 octobre. — Charles de Luxembourg, comte de Ligny et de Brienne, ayant des droits sur Dommartin-le-Franc, donne son consentement à la donation faite par Réné, en 1503.

1521. — Construction de l'Auditoire de Joinville, au coin de la rue Saulnoise et de celle conduisant au collége.

— Siége de Fontarabie. Ainsi qu'à Marignan, la valeur de Claude ne se dément pas dans cette circonstance.

1521, novembre. — Marguerite de Lorraine, fille de Ferri II, meurt à Argentan. Elle avait été élevée à la cour du roi de Sicile, et après la mort de Réné d'Alençon, son mari, elle s'était retirée au couvent de Sainte-Claire.

1522. — Prise de Hesdin. Claude y défait les Anglais et leur fait éprouver des pertes considérables.

1523. — Le sire de Joinville force à la retraite les Allemands conduits par le comte de Fustemberg et taille en pièces leur arrière-garde au passage de la Meuse, près Neufchâteau.

1524, 17 février. — Il donne aux habitants de Joinville une chartre d'affranchissement en échange de la juridiction de maire qu'ils lui abandonnent.

---

(1) « Les guerres de François Ier, de Charles-Quint et de Henri VIII, mêlèrent les peuples, et les idées se multiplièrent. Des armées régulières, connues en Enrope depuis la fin du règne de Charles VII, firent disparaître le reste des milices féodales. Les braves de tous les pays se rencontrèrent dans ces troupes disciplinées. Tout changea dans la France les vêtements même s'altérèrent; il se fit des anciennes et des nouvelles mœurs un mélange unique. »

1525, 17 février. — Naissance du cardinal Charles de Lorraine, deuxième fils de Claude.

1525, 6. — Révolte des habitants de la Souabe et de l'Alsace pendant la captivité du roi. Ils veulent pénétrer en Lorraine, mais ils sont vaincus à Saverne par Antoine et Claude, son frère. Ce dernier reçoit à ce sujet les félicitations du Parlement.

1528. — Le roi érige la terre de Guise en duché-pairie, en faveur du sire de Joinville.

1529. — Mariage d'Antoine avec Rénée de Bourbon, fille de Gilbert de Bourbon, comte de Montpensier, vice-roi de Naples, veuf de Claire de Gonzague.

1530. — Construction d'un couvent sous l'invocation de Notre-Dame-de-Pitié, à l'extrémité du faubourg Saint-Jacques de Joinville.

1532. — L'archevêché de Reims devient vacant par la mort de Robert de Lenoncourt. Charles de Lorraine, âgé de 9 ans, est désigné pour lui succéder.

Jean de Lorraine, son oncle, conserve le titre et l'administration du diocèse, jusqu'à ce que son neveu ait atteint sa seizième année.

1534. — François Ier, la reine-mère et le dauphin viennent à Langres avec une cour nombreuse. On leur fait une réception des plus pompeuses. Le duc de Guise, le cardinal de Lorraine et beaucoup de grands seigneurs s'y trouvent. (*Tablettes historiques de la Haute-Marne*, par M. Carnandet, 1856.)

— 4 août. — Mariage de Marie de Lorraine, fille de Claude, avec Louis II, duc de Longueville.

1536. — Le comte de Nassau entre dans la Picardie avec 30,000 hommes, et emporte d'assaut la ville de Guise. Péronne est assiégée le 10 août. Claude se fait remarquer au ravitaillement de cette dernière cité. Le siége en est levé le 10 septembre. — Le duc rentre en Champagne à la poursuite des Espagnols.

1537. — Mort du duc de Longueville. Marie de Lorraine refuse la main du roi Henri VIII d'Angleterre.

1538, 26 avril. — Jean de Lorraine, du consentement du pape, se démet de l'archevêché de Reims ; Charles, en vertu d'une dispense, exerce le gouvernement temporel et spirituel de la province de Reims.

—13 juin.— Marie de Lorraine, sur l'ordre du roi, épouse en deuxièmes noces Jacques V, roi d'Écosse, déjà veuf de Madeleine de France, fille aînée de François Ier.

1539. — Charles de Lorraine donne une chartre d'affranchissement aux habitants de Blécourt.

1540. — Il est nommé archevêque de Reims à l'âge de 16 ans.

1541. — Mariage de Louise, princesse de Chimay. A cette occasion, Chaumont envoie au duc de Guise 21 cabris, payés 7 livres; 54 perdrix, à 4 sols pièce; 2 coqs d'Inde achetés à Troyes, coûtant, achat et frais de voyage compris, 25 livres 10 sols 9 deniers ; 2 grands brochets de l'étang de Bologne, achetés 18 livres ; plus le vin blanc et le vin clairet de Dijon, qui vaut 10 à 13 livres la queue. Et en outre un muid de vin blanc pour le cardinal. (*Histoire de Chaumont*, par M. Emile Jolibois, 1856.) (1).

1542. — Naissance de Marie Stuart, fille de Marie de Lorraine et de Jacques d'Écosse.

— Conquête du Luxembourg. Claude et son fils aîné se trouvent successivement à Danvillers, Montmédy, Yvoy, Arlon et Luxembourg même, où ils repoussent les Impériaux, alors maîtres d'une partie du royaume.

---

(1) Les vassaux devaient aide et monnaie à leur seigneur en trois cas : lorsqu'il partait en guerre, lorsqu'il mariait sa sœur, sa fille ou son fils aîné, lorsque ce fils recevait les éperons de chevalier.

1543. — Des religieux de l'ordre de Saint-Benoît viennent s'établir au couvent de la Pitié.

—Victoire de Landrecies, gagnée par le duc de Guise sur les Espagnols.

1544, 14 juin.—Mort d'Antoine de Lorraine.

— 31 juillet. — Charles-Quint, affligé de la perte du prince d'Orange, tué devant Saint-Dizier, brûle Joinville.

Le château soutient bravement l'attaque et ne se rend pas.

— Pour réparer les calamités de la guerre, le sire de Joinville aide à la reconstruction de cette cité. Il obtient pour ses habitants l'exemption de tailles et d'impôts et prend la résolution d'abandonner ses revenus (qui dépassent 30,000 livres) de la manière suivante : première année, revenus en entier ; deuxième année, la moitié ; troisième année, le tiers.

— Pierre Decomble, doyen du chapitre de Saint-Laurent, abandonne une maison qui lui appartient près de l'Auditoire pour y faire les classes.

On établit alors deux maîtres, l'un enseignant à lire et à écrire; l'autre, les premiers éléments de la langue latine.

1545. — Siége de Bologne. François, fils aîné du sire de Joinville, y est blessé d'un coup de lance entre l'œil et le nez. Son chirurgien, lui mettant le pied sur la figure, parvient, avec des tenailles, à lui arracher le tronçon de lance et le fer qui étaient restés daus la blessure. Tous les spectateurs frémissent, le blessé seul conserve son courage et son sang froid.

— Louis, troisième fils de Claude, est élu évêque de Troyes.

1546. —Le duc de Guise reçoit à Joinville le roi François Ier, qui y passe les fêtes de la Toussaint.

L'horloge actuelle de N.-Dame date de cette époque. Une sentinelle, payée par la fabrique, logeait autrefois au clocher pour y faire le guet.

— Claude fait construire le château du Grand-Jardin.

— 6 décembre. — Après avoir reçu le palium des mains de l'évêque de Châlons et s'être revêtu, à Paris, de la dignité de l'ordre de Saint-Michel, Charles de Lorraine fait son entrée solennelle à Reims et prend possession de son archevêché au milieu d'un immense concours de peuple.

1547. — Le pape Paul III l'honore de la pourpre romaine.

— 27 juillet. — Le cardinal Charles sacre à Reims le roi Henri II.

Charles-Quint, sommé de se rendre à cette cérémonie comme comte de Flandre, répond que s'il était disposé à y venir, ce serait à la tête de 50,000 hommes.

1er août. — Claude, troisième fils du sire de Joinville, épouse Louise de Brézé, dame d'Anet, fille et héritière de Louis de Brézé, comte de Maulevrier, et de Diane de Poitiers, duchesse de Valentinois.

Henri II érige le comté d'Aumale en duché (en sa faveur), et le nomme gouverneur de Bourgogne.

— Le cardinal Charles de Lorraine part pour l'Italie, chargé de négocier une alliance entre le roi de France et le pape contre Charles-Quint. Le lendemain de son arrivée à Rome, il fait son entrée chez le Saint-Père, entouré du plus nombreux cortége qu'on n'ait jamais vu environner un cardinal.

1549, 10 novembre. — Mort du pape Paul III. Élection de son successeur. Jean de Lorraine n'ayant réuni que 29 voix, le cardinal Charles contribue puissamment à la nomination du cardinal Delmonte, sous le nom de Jules II.

1550, 12 avril. — Claude meurt à Joinville.

Le duc de Guise, qui illustra sa famille par de grands talents dans les armes, avait un cœur plein de courage et de générosité. Les sujets de ses terres, les orphelins surtout, connurent tous sa bienfaisance, et Joinville en particulier n'eut point de sire plus libéral.

18 mai. — Mort, à Nogent-sur-Yonne, de Jean de Lorraine, abbé de Cluny, de Fécamp, etc., cardinal et légat du pape en Lorraine et archevêque de Narbonne, ministre des rois François Ier et Henri II.

Ce prélat avait préparé l'élévation de la famille de Guise, en faisant obtenir à son frère Claude des places éminentes à la cour. Il fut enterré à Nancy avec Réné, son père.

— Construction des moulins, au faubourg de Lorraine. Précédemment ils étaient situés sur la rivière de Marne, non loin du couvent de Sainte-Anne.

— Construction du Poncelot, derrière les moulins.

— Louis, quatrième fils de Claude, est élu évêque d'Alby.

Désignation des villages composant la seigneurie de Joinville en 1550.

Autigny-le-Petit, Annonville, Arnoncourt, Attancourt, Bailly-aux-Forges, Bressoncourt, Brouthière, Bettoncourt, Charmeville, Curel, Chevillon, Échenay, Éclaron, Gillaumey, Germay, Germisay, Gourzon, Laneuville-à-Bayard, Harméville, Lézéville, Le Chastel-de-Fauche, Liffol-le-Petit, Prez, Vesaignes, le fief de la Cour, le Haut-Bois, Le Chastellier, le Petit-Serein, Montreuil, Maizières, Mussey, Mâthons, Morancourt, Montarlot, Montaut-le-Haut, Noncourt, Nomécourt, Narcy, Osne-le-Val, Parroy, Pansey, Rouvroy.

ENFANTS DE CLAUDE DE LORRAINE :

FRANÇOIS, — CHARLES, surnommé le Grand-Cardinal; —

Claude, duc d'Aumale, marié à Claude, fille de Henri II, né le 1er août 1526; — Louis, abbé de Saint-Urbain, cardinal, né le 21 octobre 1527; — François, grand prieur de France, né le 18 avril 1534; — Réné, marquis d'Elbeuf, né le 14 août 1535; — Pierre, — Philippe, mort en bas âge; — Marie de Lorraine, reine d'Ecosse; — Louise, épouse du prince de Chimay; — Rénée, abbesse de Saint-Pierre de Reims, née en 1536; — Antoinette, abbesse de Jouarre.

1550—1563

FRANÇOIS DE GUISE,

Premier prince de Joinville, chevalier de l'ordre du roi, grand-maître, grand-chambellan, grand-veneur, pair de France, ministre de la guerre, gouverneur de Champagne et de Brie, lieutenant-général du royaume, fils aîné de Claude de Lorraine et d'Antoinette de Bourbon, né au château de Bar-le-Duc, le 17 février 1519, marié à Saint-Germain-en-Laye, le 4 décembre 1549, à HENRIETTE-ANNE D'ESTE, *comtesse de Montargis, fille d'Adolphe d'Egmont, Hercule II, duc de Ferrare, et de Rénée de France, fille puînée du roi Louis XII.*

1551, avril. — Henri II, passant à Joinville, érige ce domaine en principauté, en faveur de son amé cousin François de Guise.

Jusqu'à cette époque, Joinville avait formé seulement une baronnie (1).

Le roi y annexe les terres de Villiers-au-Bois, Braucourt, Troisfontaines-la-Ville, Vallerest, Eurville-les-Côtes, Lechatellier, Laneuville-au-Pont, Moëlains, Ambrières, Allichamps, Dommartin-le-Franc, Bettoncourt, Courcelles, Baudrecourt-la-Petite, Charmes-la-Grande, Charmes-en-l'Angle, La Chapelle, Montaut-le-Haut, Montonval, Domblain, Villiers-aux-Chênes, Vaudeville, Ribaucourt, Saudron, Le Val-d'Osne, Bures, Pancey, Effincourt, Osnes, Rouvroy, Ferrières, Mussey, Nomécourt, Mâthons, Mo-

(1) Voir l'édit d'érection à la fin de cet ouvrage.

rancourt, Bayard, Sommermont, Bailly-aux-Forges, Guindrecourt-aux-Ormes, Magneux, Vrainville, Chevillon, Sommerville, Gourzon, Ruetz, Laneuville-à-Bayard, Ragecourt, Breuil, Chatonrupt, Vecqueville, Rutz, Sailly, Éclaron, Roches et Doulevant-le-Château.

— Établissement du bailliage, dont les appellations vont au bailliage présidial de Chaumont.

— Claude, frère du sire de Joinville, se distingue aux siéges de Lantes et d'Ulpiant, en Italie.

— 19 juillet. — Joinville donne le jour à Marie-Catherine de Guise.

1551. — Le bourg d'Éclaron est érigé en baronnie, en faveur de la maison de Joinville. Cette famille y possédait, beaucoup plus anciennement, un rendez-vous de chasse qui s'élevait au lieu appelé encore aujourd'hui le Château.

1552-1553, du 19 octobre au 15 janvier. — François défend Metz contre Charles-Quint. Ce monarque ayant fait la paix avec les réformés d'Allemagne, se disposait à enlever au roi ses conquêtes en Lorraine. Après avoir, durant 45 jours, foudroyé la ville de onze mille coups de canon, il reconnaît l'urgence de lever le siége et regagne les bords du Rhin, avec une armée diminuée des deux tiers.

Le prince de Joinville s'honore par son humanité envers les assiégeants, dont la retraite rendue difficile par le froid et la fonte des neiges, s'opère lentement et dans le plus grand désordre.

1553. — Prise de Thérouanne, ville forte du Ponthieu, par Charles-Quint. Le duc de Guise se distingue au ravitaillement de cette cité.

— Antoinette de Bourbon donne des titres de fondation au couvent de la Pitié, à Joinville. Elle y établit dix religieuses et deux converses sous l'obédience de l'abbaye de Saint-Pierre de Reims.

— Le pape Jules III donne le chapeau de cardinal à Louis, évêque d'Alby, l'un des frères du prince de Joinville.

1554. — Réné de Lorraine, fils de Claude, épouse Louise de Rieux, comtesse d'Harcourt, fille de Claude Ier, sire de Rieux, et de Suzanne de Bourbon, sa deuxième femme.

— 26 mars. — Naissance de Charles de Lorraine, duc de Mayenne.

— 13 août. — Combat de Renti (Pas-de-Calais). Tavannes, le duc de Guise et son frère Claude d'Aumale y font essuyer un nouveau revers à Charles-Quint.

Les Impériaux, quoique battus, conservent leurs positions.

1556.—Louis II, de Guise, est nommé archevêque de Reims.

1557. — On propose de réunir au couvent de la Pitié le prieuré de Saint-Jacques de Joinville, dépendant de l'abbaye de Saint-Urbain.

— François de Guise part pour le Piémont, au secours du pape Paul IV, attaqué par Philippe II, roi d'Espagne.

La plupart des princes italiens recherchent son alliance.

— Aidé de son frère Claude, il se porte sur Naples et sur Valence, voit le pape à Rome, puis va assiéger Civitella, dans les Abbruzes.

Il est indignement trahi et abandonné par le cardinal Caraffa.

— Le pape, du consentement du cardinal de Lorraine, supprime le prieuré de Saint-Jacques et prononce son incorporation au couvent de la Pitié.

Saint Jacques existait antérieurement à 1181.

— François, grand-prieur de France, défait les Turcs devant Rhodes. Il est blessé dans cette affaire. Le roi le nomme général des galères de France.

1557, août. — Prise de Saint-Quentin par les armées combinées d'Espagne et d'Angleterre ; 4,000 soldats y périssent. Le connétable de Montmorency est fait prisonnier.

A cette nouvelle, le roi rappelle Guise d'Italie et le nomme lieutenant-général du royaume avec un pouvoir absolu.

1558. — Construction du clocher de Notre-Dame, par les entrepreneurs Étienne Carvollet et Boniface Martin, sur les dessins de Claude Demange. La pose coûte 1,000 livres.

— 8 janvier. — Prise de Calais sur Édouard III d'Angleterre. Le duc de Guise y arbore les fleurs-de-lis, 212 ans après qu'elles avaient été chassées par les Anglais (1346).

La prise de Calais, en réparant le désastre de Saint-Quentin, releva l'honneur des armées françaises et valut au royaume l'entière expulsion des Anglais.

— A cette occasion, le Parlement décerna au premier prince de Joinville le titre glorieux de conservateur de la patrie.

— 24 avril. — Mariage de Marie Stuart, fille de Marie de Lorraine et petite-fille de Claude de Guise, avec le dauphin de France (François II).

— 22 juin. — Guise prend Thionville aux Espagnols ; trente mille hommes ont investi la place. Elle se défend avec une telle opiniâtreté que les assiégeants comptent près de 1,500 hommes hors de combat.

Le maréchal de Stozzi y est tué d'un coup d'arquebuse.

— François se jette dans le Luxembourg où il est blessé d'une balle à la cheville.

Le duc, et Henri, son fils, assistent au siége d'Arlon.

1559. — Le cardinal Louis se trouve à l'élection du pape Pie IV.

1560. — On place au faîte du clocher de Notre-Dame une croix de fer coûtant 30 livres.

Louis, évêque de Troyes et d'Albi, est nommé archevêque de Sens.

— 15 mars. — Conjuration d'Amboise, au château de Vendôme. Elle est formée par les calvinistes contre les Guise, François II et Catherine de Médicis.

Le cardinal de Lorraine évente le complot.

Les conjurés sont arrêtés et massacrés au nombre de 1,200 environ. Le prince de Condé, leur chef, est condamné à avoir la tête tranchée.

— 10 juin. — Mort de Marie de Lorraine, reine d'Écosse. Son corps, transporté en France, selon ses dernières volontés, est enterré dans l'église Saint-Pierre de Reims.

— 3 ou 5 décembre. — Mort de François II, roi de France, époux de Marie Stuart, fille de Marie de Lorraine.

François de Guise et Charles de Lorraine avaient exercé l'autorité sous le nom de ce monarque. Le premier, dit *Moreri*, équitable, modéré, honnête, intrépide, se faisait suivre par la réputation de sa valeur, par ses libéralités et par ses manières engageantes. Son pouvoir lui attira la jalousie des grands ; la religion en fut le prétexte.

1560. — La terre de Saint-Dizier est donnée en douaire à Marie Stuart. Cette princesse prend la qualité de dame de Saint-Dizier.

Plus de 150 terres relèvent du château de cette ville.

1561. — Association entre le duc de Guise, le connétable de Montmorency et le maréchal de Saint-André, contre le prince de Condé et l'amiral Coligni. Ils se déclarent contre la reine-mère Catherine de Médicis. Celle-ci donne aux protestants le droit d'exercer publiquement leur religion, espérant ainsi affaiblir le parti du duc de Guise, auquel vient s'adjoindre Antoine de Navarre.

Le royaume se trouve alors divisé en deux partis, celui des princes de Bourbon et celui des Guise.

15 mai. — Le cardinal Charles sacre à Reims le roi Charles IX.

Claude, duc d'Aumale, représente le comte de Champagne à cette cérémonie. Henri, fils aîné du prince de Joinville, y fait l'office de grand-chambellan.

— Le duc de Guise conduit à Calais la belle Marie Stuart, reine d'Écosse et usufruitière des terres de Vassy.

Le grand-prieur, les ducs d'Aumale et d'Elbeuf accompagnent en Angleterre la veuve de François II.

Appuyée sur la poupe de sa galère et les yeux attachés au rivage, elle fond en larmes en voyant s'éloigner les côtes de France : *Adieu!* dit-elle, *adieu France! je pense ne vous voir jamais plus* (1).

— Du 9 au 26 septembre. — Colloque de Poissy. Dernière tentative de réconciliation entre le parti protestant et les catholiques. Le cardinal Charles de Lorraine y brille par son élo-

---

(1) La mort de François II fut pour Marie Stuart le plus grand des malheurs ; forcée par Catherine de Médicis et par les Guise, ses oncles, de retourner en Écosse, elle quitta la France à qui elle devait tout et qu'elle aimait comme sa véritable patrie.

Marie composa la pièce de vers qui suit, sur le vaisseau qui la transportait en Angleterre, et la fit immédiatement passer à la cour de France:

Adieu! plaisant pays de France,
O ma patrie
La plus chérie,
Qui a nourri ma jeune enfance;
Adieu! France, adieu! mes beaux jours;
La nef qui disjoint mes amours
N'a de moi que la moitié;
L'autre part te reste, elle est tienne,
Je la fie à ton amitié
Pour que de l'autre il te souvienne.

quence en luttant avantageusement contre le célèbre Théodore de Bèze.

1562, 1er mars. — François, revenant d'un voyage en Lorraine, où il avait travaillé à la désunion des deux Églises d'Allemagne et de Genève, est mandé à Paris par la reine-mère.

Le 28 février, il couche à Dommartin-le-Franc, où il est reçu par la duchesse douairière.

Le 1er mars, il s'arrête à Vassy ; ses gens se prennent de querelle avec les calvinistes, réunis dans une grange voisine de l'église; le duc voulant (mais trop tard) apaiser la rixe, est atteint d'une pierre à la joue. A cette vue, les archers et les arquebusiers de sa suite pénètrent dans le temple et frappent tout ce qui s'offre à eux, sans égard pour le sexe ni pour l'âge. Plus de 60 personnes restent sur la place, et 200 environ sont grièvement blessées (1).

1562, 31 août. — Prise de Bourges aux protestants par le duc de Guise.

— 26 octobre. — Il gagne sur eux la bataille de Rouen.

— 12 décembre. — Bataille de Dreux contre les princes du sang. Condé y est fait prisonnier par le prince de Joinville. Celui-ci traite son ennemi avec une courtoisie toute chevaleresque et lui fait partager sa table et son lit.

8,000 hommes restent sur le champ de bataille.

La reine Catherine, à la suite de cette victoire, confère à François de Guise le titre de ministre de la guerre, et lui donne le

---

(1) « Si nous en croyons un document duquel nous devons la communication officieuse à M. Ernest Royer, de Cirey-sur-Blaise, l'évènement du 1er mars 1562 serait l'œuvre des Guise, qui avaient résolu d'extirper l'hérésie de Calvin dans leur principauté de Joinville, et non un complot tramé d'avance par les catholiques.»

(*Précis historique sur Vassy*, par M. Pinard.)

gouvernement de la Champagne, vacant par la mort du duc de Nevers.

1563, du 5 au 24 février. — Siége d'Orléans. Le prince de Joinville y est assassiné, le 18 février, par Poltrot de Méré, gentilhomme protestant au service de l'amiral Coligni.

Translation des cendres de François au château de Joinville.

Ce prince est regardé comme l'un des plus grands capitaines de son temps. Il avait élevé sa maison à un haut degré de popularité en la plaçant à la tête d'un des grands mouvements qui divisaient alors la société.

A son lit de mort, il protesta qu'il n'avait point provoqué le massacre de Vassy et pardonna à son assassin. (1).

— 6 mars. — Mort de François de Lorraine, grand-prieur et général des galères de France.

— 19 mars. — Édit de pacification, à la suite duquel on licencie plusieurs bandes allemandes. Elles se jettent sur la Champagne, et, en haine des Guise, commettent toutes sortes d'excès dans les environs de Joinville, par représailles du massacre de Vassy (2).

— Le pape Pie IV octroie le grand Pardon de la Toussaint et accorde des indulgences aux personnes qui viendront prier devant les quatorze stations élevées par Antoinette de Bourbon sur le chemin conduisant de Joinville à Sainte-Ame.

---

(1) François de Guise fut supérieur à son fils Henri, quoique non appelé à jouer un aussi grand rôle.

(2) La réformation réveilla les idées de l'antique égalité, porta l'homme à s'enquérir, à chercher, à apprendre. Elle servit puissamment à transformer une société toute militaire en une société civile et industrielle; ce bien est immense, mais il a été mêlé de beaucoup de mal.

C'est à la réforme que remonte l'affranchissement de la pensée.

— Concile de Trente, provoqué, en 1545, par les protestants, qui avaient ensuite récusé son autorité. Le cardinal de Lorraine s'y fait remarquer par son éloquence.

DESCENDANTS DE FRANÇOIS :

HENRY, — CHARLES, duc de Mayenne ; — LOUIS DE LORRAINE, cardinal ; — CATHERINE, épouse de Louis de Bourbon-Montpensier; — FRANÇOIS, marquis d'Elbeuf.

1563—1588

HENRI DE GUISE, DIT LE BALAFRÉ,

Pair de France, grand-maître, chevalier des ordres du roi, général de ses armées et gouverneur de Champagne, fils aîné de François de Guise et d'Anne d'Este, né le 31 décembre 1550, marié, en septembre 1570, à CATHERINE DE CLÈVES, *comtesse d'Eu et de Nemours, veuve d'Antoine de Croï, prince de Porcien, deuxième fille de François de Clèves, duc de Nevers, et de Marguerite de Bourbon-Vendôme.*

1566, 15 janvier. — Anne d'Este, veuve de François de Guise, épouse en secondes noces Jacques de Savoie, duc de Nemours, fils de Philippe et de Charlotte d'Orléans.

1566. — Mort de Réné de Lorraine, marquis d'Elbeuf, oncle du duc de Guise. Il s'était trouvé au siége de Metz en 1552 et avait fait partie de l'armée dirigée sur l'Italie en 1557.

1566. — Premiers exploits de Henri, à Szigeth, contre Soliman Ier.

1567. — Expédition en Hongrie contre les Turcs.

— 7 juin. — Fondation de l'hôpital Sainte-Croix, par Antoinette de Bourbon et le cardinal Charles, son fils.

— La duchesse fait don aux cordeliers du couvent de Sainte-Ame. Cette maison était fort ancienne et dépendait de l'abbaye de Saint-Urbain, ordre de Saint-Benoît.

Antoinette assiste à la procession qui précède l'installation des cordeliers.

1568. — La peste fait de grands ravages à Joinville. Établissement des logettes de santé hors des murs.

— 25 octobre. — Le duc de Guise se trouve à la rencontre de Massignac.

— On donne à Louis, son frère, l'évêché de Metz et l'abbaye de Saint-Victor à Paris.

1569. — Charles IX, roi de France, vient à Joinville et passe quelques jours au château.

— 13 mars. — Bataille de Jarnac, entre l'armée des catholiques et celle des protestants. Henri y commande l'arrière-garde du duc d'Anjou. Mort du prince de Condé, tué pendant le combat.

Le duc de Guise est envoyé à Luzignan, assiégé par les calvinistes.

— 22 juillet — Henri et Mayenne défendent Poitiers contre Coligni.

— 3 octobre. — Ils font éprouver de nouvelles pertes aux protestants à la bataille de Montcontour. Guise y est blessé.

— Catherine de Lorraine, fille de François de Guise, épouse Louis II, de Bourbon, duc de Montpensier, pair de France, souverain des Dombes, prince de la Roche-sur-Yon et de Lucques, dauphin d'Auvergne.

Louis II était veuf de Jacqueline, fille de Jean de Longwic.

1571. — Le cardinal de Lorraine passe à Chaumont. Les habitants de cette ville lui offrent quatre muids de vin rouge, une boîte de confitures pour la duchesse de Guise et une coupe d'argent pour le secrétaire.

Prix de quelques denrées à cette époque.

Blé, 30 sols ; l'avoine, 8 sols ; la corde de bois, 1 écu ; le cent de fagots, 30 sols ; la livre de chandelles, 4 sols ; la pinte d'huile à brûler, 6 sols 8 deniers ; et le bichet de braise, 20 deniers.

1572, 24 août. — Massacre de la Saint-Barthélemy. Mort de Coligni, assassiné par les ordres de Guise.

Il périt plus de 70 mille personnes à Paris.

Beaucoup de catholiques sont victimes de leurs ennemis personnels.

« La Saint-Barthélemy ne fut autre chose que l'explosion des haines populaires contre les calvinistes. Elle fut la plus violente des réactions qui suivent ordinairement les traités de paix et les édits de tolérance, parce que les haines s'accumulaient depuis longtemps, et surtout parce que la royauté se mit cette fois à la tête du mouvement. » (*Le Cardinal de Lorraine*, par M. J.-B. Guillemin, 1857).

— On ajoute aux revenus de l'hôpital Sainte-Croix ceux des maisons de Vanault-le-Châtel et de Sainte-Ame ; et, en outre, de deux canonicats de Sailly.

1573. — Dédicace de l'hospice Sainte-Croix et publication, pour la première fois, des statuts et règlements de cette maison.

— 14 mars. — Siége de La Rochelle. Il dure dix mois. Le roi y perd 40,000 hommes. Claude d'Aumale est tué pendant l'assaut, et Mayenne y est blessé.

Claude, l'un des plus ardents promoteurs de la Saint-Barthélemy, avait fait preuve de courage aux siéges de Metz, de Dreux, de Saint-Denis et de Montcontour.

Translation du corps de ce prince à Anet.

— Avril. — Les protestants du Bassigny s'étant réunis à quelques bandes d'Allemands qui parcourent la province de Champagne, veulent s'emparer de Saint-Dizier. Le cardinal de Lorraine prend ses mesures pour la conservation de cette place et force l'ennemi de se retirer.

— Mayenne se distingue en Dauphiné et dans la Saintonge, contre les protestants.

— Henri reçoit, en qualité de grand-maître de la maison du roi, les ambassadeurs qui apportent au duc d'Anjou la nouvelle de son élection à la couronne de Pologne, après la mort de Sigismond.

1574, avril. — Le prince de Joinville fait son entrée solennelle à Chaumont avec Catherine de Clèves. Les honneurs dont ils sont l'objet causent à la caisse de la commune un déficit de plus de 100 livres. » (*Chaumont*, par M. Jolibois.)

— 26 décembre. — Mort du cardinal Charles de Lorraine, surnommé le Grand-Cardinal.

Il avait été abbé de Montierender, de Saint-Denis, de Fécamp, de Cluni, etc., évêque de Metz, de Toul, de Verdun et de Thérouanne, archevêque de Narbonne et de Reims, conservateur de l'Université, généralissime et ministre d'État, ayant la haute direction du trésor du roi.

On lui doit les académies de Pont-à-Mousson et celles de Reims.

Comme ministre, le Grand-Cardinal rétablit les finances et soulagea le peuple en supprimant une partie des pensions; mais il se montra cruel envers les calvinistes et essaya, dit-on, d'établir en France l'Inquisition. La courageuse opposition du chancelier de L'Hospital et du Parlement de Paris l'en empêcha.

« La ville de Reims, dit le chanoine Lacourt, changea entièrement de face sous le pontificat de ce grand homme; la politesse s'y introduisit, les mœurs s'y formèrent; la science y fleurit par les récompenses qui y furent attachées.

» Les intérêts matériels ne furent pas non plus oubliés; plusieurs marais impraticables furent desséchés et convertis en prés et en jardins dont la ville tira de l'utilité et de l'agrément. Les sources qui en provenaient furent employées à perfectionner les fossés de Reims et ses remparts. Pendant sept ans que dura la disette des grains, les ouvriers subsistèrent par cet ouvrage. »

Charles était à Avignon, chargé de traiter le mariage du roi Henri III, avec Louise de Lorraine, fille du comte de Vaudemont, sa parente, lorsqu'à la suite d'une procession, il fut saisi d'un violent mal de tête. La fièvre l'emporta en quelques jours.

Il fut inhumé à Reims.

1575, septembre. — Le duc de Guise rencontre près de Château-Thierry un corps d'Allemands alliés aux calvinistes; il le défait complètement.

La blessure qu'il reçoit à la joue gauche, pendant l'action, lui vaut le surnom de Balafré.

— 13 février. — Louis, archevêque de Sens, et frère du prince de Joinville, donne l'onction royale à Henri III, dans la cathédrale de Reims.

1576. Mort du comte Aran Hamilton, régent d'Ecosse. En 1551, il avait cédé le pouvoir à Marie de Lorraine, sœur des princes de Guise. Ceux-ci, en récompense, lui avaient fait conférer par le roi de France le titre de duc de Chatellerault, avec une pension de 12,000 livres.

— 6 décembre. — Premiers États de Blois. Les Guise en font partie. Les trois ordres manifestent le désir qu'il n'y ait plus qu'une religion en France.

La Ligue a pour occasion un édit de pacification que le roi vient de rendre en faveur des calvinistes, pour prétexte la défense de la religion catholique, et pour but le renversement de Henri III.

1577. — Le prince de Joinville prend la Charité, assiégée par les protestants.

1578.—Construction des halles (avec salle de spectacle) à Joinville, par les entrepreneurs Étienne Carvollet et Boniface Martin. Ils se servent de bois provenant, comme ceux du clocher de Notre-Dame, de la forêt de Robert-Magny.

— Mort du cardinal Louis. Il avait été abbé de Saint-Urbain, évêque de Troyes, de Sens, d'Alby et de Metz.

Il est enterré dans l'abbaye de Saint-Victor, à Paris.

1580. — Construction, à l'église Notre-Dame, du portail qui regarde la place, et de la chapelle Saint-Crépin.

1583, 22 janvier. — Mort d'Antoinette de Bourbon, surnommée la Bonne-Dame. On rapporte qu'elle servait elle-même les malades à Sainte-Croix et que, pour se préparer à la mort, elle avait fait placer son cercueil dans la galerie conduisant de ses appartements à la chapelle du château.

Antoinette avait acheté, depuis la mort de Claude de Lorraine, son époux, les terres de Donjeux, Marac, Paroy, Humbécourt et Eurville.

Cette princesse fut enterrée à Joinville.

1584, 5 février. — Fondation, par Henri le Balafré, d'une rente de 400 francs, destinée à payer deux professeurs de langue latine au collége de Joinville.

31 décembre 1584. — Les conditions de la Ligue sont stipulées au château de Joinville. Le roi s'en rend le chef, espérant, mais en vain, conjurer la puissance du duc de Guise.

Le traité de Joinville, signé de Jean-Baptiste Tassy et dom Juan Moret, au nom du roi d'Espagne, des ducs de Guise et de Mayenne, et de François de Menneville, procureur du cardinal de Bourbon, reconnaît ce vieux prélat comme héritier présomptif du trône, et empêche qu'un prince hérétique puisse jamais succéder à la couronne.

Le cardinal prend le titre de premier prince du sang et fait un manifeste appuyé par le pape et l'Espagne, qui recommande aux Français de soutenir ses droits.

Le roi d'Espagne s'engage à fournir, tous les mois, 50,000 pistoles pour les frais de la Ligue. En revanche, les ducs de Guise et de Mayenne, et le vieux cardinal, s'engagent à aider Sa Majesté Catholique à réduire sous son obéissance ses sujets rebelles des Pays-Bas.

1585. — Ce traité fait naître trois partis : celui des ligueurs, conduit par Henri de Guise ; le parti des protestants, ayant à leur tête le roi de Navarre, et celui de Henri III, du nom de royalistes.

Le pape Grégoire VIII permet aux ligueurs de faire la guerre, même au roi, pour le maintien de la religion catholique.

La guerre commence par la prise de plusieurs places en Champagne. Guise y commande l'armée du roi.

— Fondation de cinq chapelains à Notre-Dame. Avant cette époque, les cordeliers de Sainte-Ame venaient y chanter les grand'messes.

Ces chapelains sont à la nomination de la ville ; l'un d'eux, remplissant les fonctions de premier régent au collége, est, pour ce motif, dispensé de l'office.

1586. — La peste apparaît de nouveau à Joinville.

1587. — Les Reîtres et les Allemands de l'armée du roi de Navarre dévastent les campagnes et marchent sur Paris. Guise, avec 10,000 hommes, les repousse jusqu'à la frontière et les défait complètement à Vimory.

— 11 février. — Mort de Marie Stuart ; point de ralliement des catholiques. Elisabeth d'Angleterre la fait décapiter au château de Fonthenay, après une captivité de 18 ans.

« La veuve de François II était accusée d'avoir conspiré avec l'étranger pour l'invasion de l'Angleterre et la mort d'Elisabeth. » (1)

— 31 juillet. — Maladie pestilentielle. Jean Herbelet, curé de Joinville, meurt victime de son dévouement pendant l'épidémie.

1588, 12 mai. — Journée des Barricades. Elle force le roi Henri III à s'éloigner de Paris et rend le duc de Guise maître de la capitale du royaume.

Le conseil des Seize, favorable au prince de Joinville, se déclare contre le souverain et veut lui retirer la couronne (2).

— Mémoire présenté par Guise dans une assemblée tenue à

---

(1) « On sait que cette malheureuse reine a été dame de Vassy. En 1844, le conseil municipal de cette ville a eu une louable pensée en donnant son nom à la rue qui passe sur l'emplacement du château où cette princesse vint se reposer des grandeurs, avant et après son mariage avec François. »

(*Précis sur l'histoire de Vassy et de son arrondissement,* par M. Pinard, 1849.)

(2) « La journée des Barricades ne produisit rien, parce qu'elle ne fut point le mouvement d'un peuple cherchant à conquérir sa liberté. L'indépendance politique n'était point encore un besoin commun. Le duc de Guise n'essayait point une subversion pour le bien de tous, il convoitait seulement une couronne. Il méprisait les Parisiens tout en les caressant, et n'osait trop s'y fier. Il agissait si peu dans un cercle d'idées nouvelles, que sa famille avait répandu des pamphlets qui le faisaient descendre de Lother, duc de Lorraine ; il en résultait que la race des capets n'avait d'autre droit que l'usurpation ; que les Lorrains étaient les légitimes héritiers du trône, comme derniers rejetons de la ligne Carlovingienne. Cette fable venait un peu tard. Les Guise représentaient le passé; ils luttaient dans un intérêt personnel contre les Huguenots, révolutionnaires de l'époque, qui représentaient l'avenir. Or, on ne fait point de révolution avec le passé.» (CHATEAUBRIAND.)

Nancy. Il demande le changement de gouvernement et l'établissement de l'Inquisition (1).

— 23 décembre. — États de Blois. Le duc de Guise y meurt assassiné par les ordres du roi (2).

— 24 décembre. — Mort de Louis II de Lorraine, assassiné, comme son frère, au château de Blois. Il avait été abbé de Montierender, puis archevêque de Reims et cardinal.

Les cadavres des deux frères sont découpés et brûlés, et, de

---

(1) « Offrir au roi sa démission de lieutenant-général du royaume, demander à se retirer afin d'obtenir des États l'épée de connétable; alors, devenu maître de toutes les forces du royaume, déposer Valois et l'enfermer dans un couvent, tel était le plan du Balafré.

» Tout s'opérait sans une de ces grandes convictions de doctrine politique, sans cette foi à l'indépendance qui renversent tout ; il y avait matière à trouble ; il n'y avait pas matière à transformation, parce que rien n'était assez édifié, rien assez détruit. L'instinct de liberté ne s'était pas encore changé en raison ; les éléments d'un ordre social fermentaient encore dans les ténèbres du chaos ; la création commençait, mais la lumière n'était pas faite.

» Les hommes n'étaient assez complets ni en défauts, ni en qualités, ni en vices, ni en vertus, pour produire un changement radical dans l'État. Henri de Valois et Henri de Guise restèrent au-dessous de leur position ; l'un faillit de cœur, l'autre de crime. La partie fut remise aux États de Blois. » (CHATEAUBRIAND.)

(2) « Plus d'orgueil que d'audace, plus de présomption que de génie, plus de mépris pour le roi que d'ardeur pour la royauté, voilà ce qui apparaît dans la conduite du duc de Guise. Il intriguait à cheval comme Catherine dans son lit. Libertin sans amour, ainsi que la plupart des hommes de son temps, il ne rapportait du commerce des femmes qu'un corps affaibli et des passions rapetissées. Il avait tout une religion et tout une nation derrière lui, et des coups de poignards firent le dénouement d'une tragédie qui semblait devoir finir par des batailles, la chute d'un trône et le changement d'une race. » (IBID.)

peur que les ligueurs n'en fissent des reliques, on jette leurs cendres au vent (1).

— Arrestation de Charles de Guise, fils aîné du Balafré.

— Le duc de Mayenne apprend à Lyon la catastrophe de Blois. Il se déclare chef de la Ligue et prend le titre de lieutenant-général du royaume.

ENFANTS DU BALAFRÉ :

CHARLES, — HENRI DE LORRAINE, né en 1572; — CATHERINE DE LORRAINE, née le 25 juillet 1573; — CATHERINE-LOUISE DE LORRAINE, née à Paris, le 19 mai 1575; — CHARLES DE LORRAINE, né en 1576; — MARIE DE LORRAINE, religieuse de Foutevrault, née à Paris, le 1er juin 1577; — CLAUDE, duc de Chevreuse, né le 1er juin 1579; — LOUISE, épouse de François, prince de Conti; — CHRISTIANE DE LORRAINE, née à Paris, le 21 juin 1580; — FRANÇOIS DE LORRAINE, né le 14 mai 1581; — LOUIS, cardinal de Guise, né à Paris, le 11 août 1582; — JACQUES DE LORRAINE, né à Paris, le 16 juin 1584; — RÉNÉE DE LORRAINE, abbesse de Saint-Pierre de Reims, née à Châlons, le 10 juin 1585, morte en 1626; — JEANNE DE LORRAINE, abbesse de Jouarre, née à Châlons, le 24 juin 1587, morte le 8 octobre 1638; — FRANÇOIS-ALEXANDRE PARIS, chevalier de Malte, né en 1589.

---

(1) « Le cardinal de Guise était plus méchant, avait plus de résolution et autant de courage et d'ambition que le duc, mais il l'avait mise au service de son aîné. »

(*Analyse raisonnée de l'Histoire de France.*)

1588—1640

CHARLES DE GUISE,

Comte d'Eu, duc de Joyeuse, de Maulevrier, d'Elbœuf et de Lillebonne, grand-chambellan, chevalier dès ordres du Roi, amiral et pair de France, gouverneur de Provence, fils aîné de Henri le Balafré et de Catherine de Clèves, né à Joinville, le 20 août 1571, marié, en 1611, à HENRIETTE-CATHERINE DE JOYEUSE, *duchesse de Montpensier et de Chatellerault, veuve de Henri de Bourbon Montpensier, fille unique de Henri, duc de Joyeuse, maréchal de France, et de Catherine de La Valette.*

1589, 20 janvier. — Naissance de François-Alexandre Paris, fils posthume du Balafré. Il est tenu sur les fonts baptismaux par la ville de Paris et la duchesse d'Aumale (1).

— Convocation des États. Le duc de Mayenne, lieutenant-

(1) « Ce n'est qu'au XIIe siècle qu'on commença à baptiser tous les enfants immédiatement après leur naissance, et c'est du règne de François Ier que date la tenue des registres pour constater les naissances, mariages et décès des particuliers. Ce prince rendit, en 1529, une ordonnance qui en prescrivit l'obligation dans chaque paroisse et chargea les curés de les tenir, ce qui dura jusqu'à la Révolution, époque où la rédaction des actes, qui intéressent si vivement la famille, fut confiée aux municipalités. »

(*Précis sur l'Histoire de Vassy.*)

général de l'État et de la couronne de France, y crée un amiral et quatre maréchaux de France. Il déclare que cette réunion a lieu pour procéder à l'élection d'un roi qui soit catholique.

— 7 août. — Le vieux cardinal de Bourbon est élu roi par les ligueurs, sous le nom de Charles X.

1590. — Mort de ce prélat. Loin de se prévaloir du titre que lui avaient conféré les ligueurs, il s'était empressé de le restituer à son neveu (Henri IV).

1591, 15 août. — Charles de Guise, arrêté en 1588, et enfermé au château de Tours, après la mort de son père et celle de son oncle, s'échappe de sa prison et va rejoindre les ligueurs à Paris, où il se lie étroitement avec la faction des Seize. Celle-ci décide de le placer sur le trône en lui faisant épouser l'infante d'Espagne; mais Mayenne s'y oppose.

— Guise s'empare des forteresses de Montigny-le-Roi et de Coiffy, puis il tombe à l'improviste sur Langres. Cette ville résiste et ne se rend pas.

1591, du 3 décembre au 20 avril. — Henri de Navarre assiége la ville de Rouen, défendue par Mayenne et le duc de Parme. Le Béarnais reçoit une blessure pendant l'assaut.

1594. — Le prince de Joinville s'unit à Henri IV. Ce monarque lui donne le gouvernement de la Provence en échange des villes de Champagne qu'il tient encore.

La soumission du duc fait tomber les armes des mains des seigneurs, et le règne réparateur de Henri-le-Grand efface peu à peu la trace des désordres occasionnés par les guerres civiles.

— Guise pacifie la Provence.

1595. — Charles de Lorraine, duc d'Aumale, est condamné à mort par le Parlement pour avoir livré quelques places de la Picardie aux Espagnols.

1596, 6 mai. — Mort de Catherine-Marie de Montpensier,

fille de François de Guise et d'Anne d'Este. Ligueuse outrée, elle s'était déclarée l'ennemie jurée de Henri III et de Henri IV, et avait donné à Mayenne, son frère, le conseil de s'emparer de la couronne, après la mort du Balafré (1).

— Janvier. — Mayenne se soumet au roi. Henri IV paie ses dettes et lui donne le gouvernement de la Bourgogne (2).

1599. — Henriette-Catherine de Joyeuse épouse Henri de Bourbon, duc de Montpensier et de Chatellerault.

1602. — Le gouvernement ordonne de planter des arbres fruitiers sur les grands chemins et dans tous les lieux vagues et susceptibles de plantation.

---

(1) Madame de Montpensier portait, suspendus à son côté, des ciseaux d'or pour faire, disait-elle, la couronne monacale au roi, quand il serait confiné dans un cloître. Cette femme ne pardonna jamais à Henri III ou des faveurs offertes et dédaignées, ou quelques paroles échappées à ce monarque sur des infirmités secrètes.

(2) « Ce fut la religion qui donna naissance aux longues guerres civiles de la Ligue. Toutefois, ces sortes de guerres qui causent de grands maux à l'espèce sont favorables à l'individu; elles mettent en valeur les qualités personnelles; jamais il n'apparaît à la fois autant d'hommes remarquables que pendant les discordes intestines des peuples. Presque toujours les temps qui suivent ces discordes sont des temps d'éclat, de prospérité, de progrès.

» La réunion de l'armée protestante et de l'armée catholique sous le même étendard, changea la nature des évènements.

» Jusque-là, il avait été possible que ces guerres civiles devinssent une véritable religion. Tant que les réformés eurent un drapeau à part, leur marche vers l'avenir et l'indépendance de leurs principes pouvaient amener un changement dans la constitution de l'État; mais aussitôt que les catholiques et les huguenots se rangèrent sous un commun chef, l'esprit aristocratique républicain se perdit; la monarchie triompha, les troubles de la France ne furent plus qu'une vulgaire question de personnes et de malheurs stériles. » (CHATEAUBRIAND.)

L'orme de Mâthons, village dépendant de la principauté de Joinville, doit son origine à cette époque.

— Conspiration de Biron. Mécontent du roi, il s'était laissé entraîner à des négociations avec l'Espagne et la Savoie.

Henri IV le fait décapiter. Charles de Guise, impliqué dans le complot, reçoit l'ordre de quitter le royaume.

1603. — Fondation du hameau de la Folie, sur un terrain dépendant des usages de Ferrières.

1605. — Louise-Marguerite de Lorraine, fille de Henri de Guise et femme célèbre par son esprit et sa beauté, épouse François de Bourbon, prince de Condé, fils de Louis de Bourbon et veuf de Jeanne de Coënie, dame de Bonnestable.

— Le *Réveil qui dort pense à la mort!* est institué à Joinville, aux gages de 5 livres par an. Sa fonction est d'aller trois fois par semaine par la ville, à l'heure de minuit, sonnant une clochette et chantant : *Réveil qui dort, pense à la mort, priez Dieu pour les trépassés!*

1607. — Les Suédois ayant pénétré en France à titre d'alliés, entrent à Joinville pour y prendre leurs quartiers d'hiver. Les excès auxquels ils se livrent font en partie déserter le pays.

— 17 mai. — Anne d'Este, veuve en deuxièmes noces du duc de Nemours, meurt à Paris, âgée de 76 ans. On l'enterre à Annecy, en Savoie.

Translation de son cœur à Joinville.

1608. — Mort de Henri de Bourbon-Montpensier, premier mari de Henriette-Catherine de Joyeuse.

1611. — Henriette épouse le duc de Guise. Cette princesse avait eu de Henri une fille, qui fut mariée à Gaston de France, frère de Louis XIII.

— 14 octobre. — Le duc de Mayenne meurt à Soissons. Il avait épousé Henriette de Savoie, fille d'Honorat II, marquis de Villars.

« Mayenne, dit un auteur, offrait toutes les conditions que la bourgeoisie et les parlementaires pouvaient désirer. Ce prince avait de grands talents militaires et de la prudence; fervent catholique, il ne repoussait pas les idées de transactions et de ménagements. Il était l'expression modérée de la maison de Guise (1).

— 14 octobre. — Mort de Henriette de Savoie, duchesse de Mayenne.

1614. — François-Alexandre Paris, chevalier de Malte, meurt à Baux, victime d'une imprudente hardiesse. On l'enterre à Arles (2).

Le baron de Lux s'étant vanté d'avoir fait partie du conseil de Blois, Paris l'avait tué en combat particulier.

1615. Le tonnerre tombe sur l'église de Notre-Dame, à Joinville, et y coupe la chaîne d'une lampe.

1621. — Le cardinal Louis, onzième enfant du Balafré, accompagne le roi Louis XIII au Poitou et se trouve au siége de Saint-Jean-d'Angély.

— 21 juin. — Ce prélat meurt à Saintes. Il avait été abbé de Montierender, de Cluny, de Saint-Denis, et archevêque de Reims.

— Les dames de l'Annonciation viennent de Nancy se fixer à Joinville, faubourg d'Écurey ou de Lorraine.

---

(1) Lorsque Henri IV entra dans Paris, la seule vengeance qu'il exerça contre madame de Montpensier fut de jouer aux cartes avec elle ; la seule vengeance qu'il tira de son frère le duc de Mayenne, replet et court, fut de le faire marcher vite dans son jardin.

(*Analysé raisonnée de l'Histoire de France.*)

(2) Il était assis sur un canon qu'on essayait ; la pièce creva et le coupa en deux.

(*Joinville*, en 1835.)

1624. — On établit le jeu de l'Arquebuse à la place du jeu de l'Arbalète.

— 28 novembre. — François de Grand, chanoine de Saint-Laurent, est tué en disant la messe, par la chute d'une voûte de cette église.

1626. — Mariage de Gaston de France, frère de Louis XIII, avec Marie de Bourbon, duchesse de Montpensier, fille de Henri de Bourbon et de Henriette-Catherine de Joyeuse.

1627, 29 mai. — Naissance de Mlle de Montpensier, dite la Grande-Demoiselle, fille de Gaston et de Marie de Bourbon, petite-fille de Henriette-Catherine de Joyeuse.

1628.— Capitulation de La Rochelle. Le prince de Joinville, qui, rentré en France après la mort du roi Henri IV, avait pris parti tantôt pour la reine, tantôt pour les princes, se distingue en qualité d'amiral au siége de La Rochelle. Il est accompagné par son frère, le duc de Chevreuse, grand-chambellan et grand-fauconnier de France, chevalier des ordres du Roi et de la Jarretière.

« Le duc de Chevreuse se signale aux siéges de La Ferté, d'Amiens, de Saint-Jean-d'Angély et de Montauban. Il fut successivement gouverneur de la Haute-Marche, d'Auvergne, de Bourbonnais et de Picardie.

» Il épousa, en qualité de procureur du roi d'Angleterre, Charles Ier, la princesse Marie de France et la conduisit à son époux avec magnificence. »

Il se maria à Marie de Rohan, qui fit tant parler d'elle sous les rois Louis XIII et Louis XIV.

1629, 23 juillet. — Le duc d'Orléans, Gaston, frère de Louis XIII, arrive à Joinville et y demeure neuf jours.

Les habitants de cette cité étaient allés au-devant de lui jusqu'à Morancourt.

1631. — Joinville et ses environs sont décimés par la peste.

— Le prince de Joinville se brouille avec le cardinal de Richelieu. Le ministre de Louis XIII oblige Guise de quitter la France avec sa famille.

Richelieu accable d'impôts la principauté de Joinville. Elle en était exempte depuis Claude de Lorraine (1).

— Charles d'Aumale, petit-fils de Claude, meurt à Bruxelles, où il s'était retiré après sa condamnation, en 1595.

— Mort de Louise-Marguerite, huitième enfant de Henri de Guise, deuxième femme de François de Bourbon, prince de Conti. Après la mort de ce dernier, elle avait épousé en secondes noces le maréchal de Bassompierre et avait été disgraciée avec lui.

1633, 11 mai. — Catherine de Clèves, veuve du Balafré, meurt à Joinville et y est enterrée dans l'église Saint-Laurent.

1635, 26 juillet. — Établissement des capucins au faubourg des Ruaux, anciennement faubourg du Ruetz.

1638.—Les garnisons, nourries par les habitants de Joinville et par ceux des villages voisins, pillent et ravagent toute la contrée pour plaire au cardinal-ministre.

1639, 19 août. — Le roi Louis XIII et le cardinal de Richelieu passent à Joinville et y visitent le château. Le 20, le roi entend la messe à Notre-Dame.

Ce monarque exempte la ville d'une partie des tailles et fait

(1) « Il n'y a qu'une seule chose et qu'un seul homme dans le règne de Louis XIII : Richelieu. Il apparaît comme la monarchie absolue personnifiée, venant mettre à mort la vieille monarchie aristocratique. Ce génie du despotisme s'évanouit, et laisse à sa place Louis XIV, chargé de ses pleins pouvoirs. » (CHATEAUBRIAND.)

grâce à quatre hommes de Poissons, condamnés aux galères.

1640, 30 septembre. — Charles de Guise meurt, exilé à Cuna, dans le Siennois, après avoir trempé dans toutes les conspirations qui ont eu pour but le renversement de Henri IV et de Louis XIII.

SES DESCENDANTS :

HENRI, — ROGER, chevalier de Malte et de Jérusalem ; — CHARLES-LOUIS DE JOYEUSE, mort à Florence, 1637 ; — LOUIS DE LORRAINE, — FRANÇOISE-RÉNÉE, abbesse de Montmartre, née en 1621, morte en 1682 ; — FRANÇOIS DE LORRAINE, né en 1611, mort à Florence le 9 mars 1639.

1640—1646

HENRI II DE GUISE,

Comte d'Eu et de Ponthieu, pair de France, grand-chambellan, sénéchal héréditaire de Champagne, fils de Charles de Guise et d'Henriette-Catherine de Joyeuse, né le 4 avril 1614, marié, à Bruxelles, à HONORÉE BERGES, *veuve de Maximilien, comte de Bossu.*

1640, 10 décembre. — Les officiers de la principauté se rendent à Sédan pour y complimenter Henri. Ce prince les reçoit *fort civilement.*

1641, 8 juillet. — Arrivée du sieur de Besançon, intendant de Champagne, pour visiter, dit-il, les fortifications de Joinville, mais, en réalité, pour s'assurer des sentiments de la population à l'égard du roi.

— 7 septembre. — Les ursulines achètent le monastère abandonné par les pères capucins au faubourg des Ruaux.

Elles sont admises à Joinville, à condition qu'elles instruiront les jeunes filles.

Les capucins s'établissent au faubourg Saint-Jacques, non loin de l'hôpital Sainte-Croix.

— Le prince de Joinville entre dans la révolte du comte de Soissons. Il s'unit à l'Espagne contre Richelieu et la France.

Louis XIII le fait condamner à mort et lui enlève sa principauté.

François Houillier, maître des requêtes et président du conseil du roi, ordonne la destitution des officiers et des fonctionnaires rendant la justice au nom du souverain, et fait cesser les prières pour la famille des Guise.

On met en vente les terres de la principauté.

— Translation, à Joinville, des restes de Charles de Lorraine et des corps de Louis et François, ses deux enfants, morts sur la terre d'exil.

1642. — Mort de Richelieu.

Louis XIII remet à la duchesse douairière la principauté de Joinville et toutes les terres confisquées après la mort de son mari, sur son fils Henri II.

La justice cesse d'être rendue au nom du roi; les armes des seigneurs, brisées en 1641, sont rétablies au milieu *des cris de joie des habitants et d'une allégresse générale.*

1643, août. — Le duc de Guise rentre en grâce à la cour. Duel entre lui et Coligni. — Il en sort victorieux.

1644. — Catherine de Joyeuse et Félix Vialard, évêque de Châlons, obtiennent l'exemption, pour la principauté, de garnisons et d'impôts.

— Guise combat à Gravelines, sous les ordres du duc d'Orléans.

— Les habitants de Joinville refusent un cordelier envoyé par l'évêque de Châlons pour prêcher l'octave du Saint-Sacrement. Ils choisissent un capucin qu'ils ont entendu pendant l'Avent et le Carême.

— 20 juin. — Des soldats, revenant du siége de La Mothe, ayant maltraité des habitants de Guindrecourt-aux-Ormes, ceux de Joinville se mettent à leur poursuite, et, les ayant atteints près de la fontaine des Bons-Hommes, ils les dispersent après leur avoir fait éprouver quelques pertes.

1645. — Le prince de Joinville gagne l'amitié du pape Innocent X. Le Souverain-Pontife déclare valide le mariage de Guise avec la comtesse de Bossu, malgré l'arrêt du Parlement de Paris, portant nullité.

1646, 12 mars. — Mort de Nicolas Cousin, conseiller du roi et président au grenier à sel de Joinville. Il avait fait don à l'église Notre-Dame des terres qu'il possédait à Ville-en-Blaisois et à Doulevant-le-Petit.

— Henri de Guise, par un traité formel, abandonne ses droits à la duchesse sa mère. Catherine devient alors seule maîtresse de la principauté.

1646—1654

HENRIETTE-CATHERINE DE JOYEUSE,

Dame de Joinville, née en 1585, fille du duc de Joyeuse et de Catherine de la Valette, veuve de Henri de Bourbon-Montpensier et de Charles de Guise.

1647. — Révolte des Napolitains contre l'Espagne. Henri de Guise, appelé par eux, se met à la tête de l'insurrection. Il défait les troupes espagnoles commandées par don Juan.

A la suite de cette affaire, le prince saisit les rênes du gouvernement napolitain.

1648. — Trahi par un de ses confidents, il prend la fuite et tombe dans une embuscade. Fait prisonnier, on l'enferme dans la tour de Gaëte, puis il est conduit à Madrid.

1648. — Conquête de la Franche-Comté. Prise de Dôle, au succès de laquelle ne contribue pas peu Louis de Lorraine, quatrième fils de Catherine.

1649. — Entière disparition des débris de la tour dite de Jovin.

1649, 7 février. — Le gouverneur de Joinville ayant sollicité une garnison affectée à la garde du château, les habitants de notre cité s'offrent pour faire ce service. Ils sont admis.

1650. — Il survient une famine pendant laquelle Catherine de Joyeuse fait d'abondantes distributions.

Le blé se vend 5 livres ; les pauvres sont réduits à manger de l'avoine (1).

1651. — Fièvre maligne, appelée le *mal de Hongrie.*

1652, août. — Henri de Guise obtient sa liberté à la sollicitation du prince de Condé et sous la promesse de servir l'Espagne. Cette puissance soutient Condé dans la guerre que ce prince fait à la cour. Mais Guise, ennemi personnel des Espagnols, revient à Paris, où il écrit des mémoires dans lesquels il nous retrace la malheureuse expédition de Naples, dont le succès eût été éminemment fatal à l'Espagne, si la France avait pu y prendre une part plus active.

1653, 3 septembre. — Mort de Roger, chevalier de Malte et de Jérusalem, fils puîné de Catherine de Joyeuse.

---

(1) Le boisseau de Joinville était alors de 35 chopines ou 28 litres.

1654

LOUIS DE LORRAINE,

Duc de Joyeuse et d'Angoulême, comte d'Eu et de Ponthieu, baron d'Eclaron, de Préaux et d'Ancerville, pair de France, grand-chambellan, colonel-général de la cavalerie légère, tant française qu'étrangère, quatrième fils de Charles de Guise et de Henriette-Catherine de Joyeuse, né en 1622, marié, à Toulon, en 1649, à FRANÇOISE-MARIE DE VALOIS, *fille unique de Louis-Emmanuel d'Angoulême, comte de Metz et de Valois, et de Henriette de Guiche, dame de Chaumont.*

1654, 9 mai.— Catherine de Joyeuse transmet la principauté de Joinville à son fils, Louis de Lorraine.

— 23 décembre. — Translation, à Joinville, des cendres de Roger, chevalier de Malte et de Jérusalem.

— 27 septembre. — Louis de Lorraine meurt des suites d'une blessure reçue le 25 août, en combattant devant Arras.

ENFANT.

LOUIS-JOSEPH.

1654—1671

LOUIS-JOSEPH DE LORRAINE,

Duc de Guise, de Joyeuse et d'Angoulême, comte d'Eu et de Ponthieu, pair de France, sénéchal héréditaire de Champagne, fils unique de Louis de Lorraine et de Françoise-Marie de Valois, né le 16 août 1650, marié, le 15 mars 1667, à ÉLISABETH D'ORLÉANS, *duchesse d'Alençon (cousine germaine de Louis XIV), fille puînée de Gaston de France et de Marguerite de Lorraine.*

1655. — Henri est nommé grand-chambellan de France.

— 16 août. — Première messe dite dans la chapelle Saint-Roch, récemment construite au Val-de-Vassy, par Réné Leclerc, grenetier au grenier à sel de Joinville (1).

1656, 2 février. — Mort d'Henriette-Catherine de Joyeuse. Cette princesse avait mérité, de la part de ses sujets, la plus vive reconnaissance.

— Henri, son fils, est choisi pour aller au-devant de la reine de Suède, lors de l'arrivée de cette princesse en France.

1657, 9 janvier. — L'administration de Joinville ne pouvant faire face aux dépenses dont elle est accablée, vend au prince, moyennant 25,000 livres, tous les bois d'usage des environs.

1658. — Fameux carrousel de la place Royale. Henri de Guise y paraît extraordinairement avec le prince de Condé. Il est le chef du quadrille des Maures.

(1) Au bas de la combe qui porte aujourd'hui ce nom,

1663, 11 octobre.—Louis-Joseph et Marie de Guise, sa tante, font leur entrée solennelle à Joinville. Ils y sont reçus par les habitants avec une grande magnificence.

Une députation avait été envoyée au-devant des princes jusqu'à Éclaron.

Ils séjournent deux mois à Joinville.

1664, 2 juin. — Mort de Henri de Guise. Ce prince avait été abbé commandataire de Montierender, de Saint-Denis, de Saint-Martin, de Saint-Remy, et de neuf autres abbayes qui lui formaient un revenu dépassant 600,000 livres.

« S'étant engagé dans une promesse de mariage avec une princesse de Mantoue, le cardinal de Richelieu, à qui cette union déplaisait, l'avait privé de tous ses bénéfices. »

1665. — Félix Vialard, évêque de Châlons, du consentement du prince Louis, ordonne que le marché ayant eu lieu jusqu'alors le lundi à Joinville, se tiendra désormais le mardi de chaque semaine (1).

1667. — Le curé Raynette fait enlever les colonnes en cuivre du chœur de l'église Notre-Dame et repousser l'autel contre la muraille du fond.

1669. — Le prince de Joinville défend aux avocats de *postuler, voulant créer et vendre charges de procureur.*

1669. — Édit qui permet le commerce à la noblesse.

1671, 30 juillet. — Mort de Louis-Joseph. On l'enterre à Saint-Laurent.

ENFANT :

François-Joseph.

---

(1) Ce prélat, voulant réconcilier deux gentilshommes du doyenné de Joinville, en procès depuis longtemps, donna 4,000 livres à celui qui avait raison de se plaindre, obligea les deux parties de s'embrasser en sa présence, les retint à dîner, et leur fit promettre qu'il ne serait plus parlé entre eux de cette affaire. Il mourut le 10 juin 1680.

1671—1675

FRANÇOIS-JOSEPH DE LORRAINE,

Duc de Guise, d'Alençon, de Joyeuse et d'Angoulême, sénéchal héréditaire de Champagne, né le 28 août 1670, fils unique de Louis-Joseph et d'Elisabeth d'Orléans.

1672. — Nicolas Madiot, architecte et ingénieur du roi pour la province de Picardie, natif de Joinville, fait don d'une chaire à prêcher à l'église paroissiale de cette ville. Il donne aussi au couvent des capucins un grand nombre de livres et de tableaux.

1675. — François-Joseph meurt à Paris le 16 mars. On l'enterre à Montmartre.

Il est le dernier de cette illustre famille de Guise, si féconde en grands hommes.

1675—1688

MARIE DE LORRAINE,

DITE MADEMOISELLE DE GUISE,

Dame de Joinville, sixième enfant de Charles de Lorraine et de Henriette-Catherine de Joyeuse, née le 15 août 1615.

1677, 2 juillet. — Mort de Nicolas Legendre, sieur de Brachey, greffier au baillage de Joinville et prévôt de Chaumont.

1688. — Marie laisse par testament toutes ses terres à messire Charles de Stainville de Couvenges, à la charge de les transmettre à Joseph, fils puîné du duc de Lorraine.

Ce prince devra porter le nom de Guise et habiter Paris sous le bon plaisir du roi.

— 31 mars. — Marie de Lorraine meurt à l'âge de 72 ans. Cette princesse avait consacré une grande partie de sa fortune au soulagement des pauvres et à des actes de piété.

On cite entre autres libéralités : 150,000 livres données à l'abbaye de Montmartre, pour vingt demoiselles des duchés de Lorraine et de Bar, et 100,000 livres à un séminaire, pour les gentilshommes des mêmes lieux.

On rapporte que Marie fut demandée en mariage par Ladislas, roi de Pologne, mais qu'elle refusa cette alliance et garda sa liberté.

OBSERVATIONS

SUR LA DEUXIÈME PARTIE.

« L'histoire de France ne présente guère de familles qui, dans un aussi court espace de temps, aient joué un rôle aussi brillant et qui aient fourni autant d'hommes illustres que la famille de Guise. Cette maison, en effet, a eu le privilége de donner pendant un siècle, à la France, des politiques de premier ordre et les plus habiles, les plus vaillants capitaines du temps. Pendant trois générations successives, elle fait monter en même temps sur la scène un homme d'épée et un homme d'Église, un guerrier et un prêtre. Sous François Ier et sous Henri II, sous Charles IX et sous Henri III, on voit toujours un capitaine à côté d'un cardinal ; l'un donne à son nom la popularité qui s'acquiert sur les champs de bataille, l'autre en rehausse l'éclat par l'éminence du rang qu'il occupe dans l'Église.

» Sous François Ier, c'est Claude de Lorraine et Jean de Lorraine, son frère, qui jettent, l'un par sa bravoure, l'autre par sa capacité diplomatique, les fondements de l'illustre maison de Guise. Au commencement du règne de Henri II, François, fils de Claude, continue, en les surpassant, les glorieux exploits de son père. C'est lui qui sera plus tard le vainqueur de Charles-

Quint et le conquérant de Calais. A côté de François de Guise, paraît son frère, habile diplomate, savant théologien, éloquent orateur, grand ministre ; les contemporains l'appelaient le Grand-Cardinal. Après eux viennent Henri le Balafré, le chef de la Ligue, et le cardinal de Guise, son frère, qui doivent expier à Blois trop de popularité et trop d'ambition. Ces hommes qui, naguères, étaient de simples cadets de Lorraine, aspirent et arrivent successivement aux suprêmes honneurs de l'Église et de l'État. Les positions les plus hautes n'ont rien qui effraie leur ambition et leur génie ; les prêtres voudront placer sur leur tête la tiare pontificale, les guerriers feront trembler les rois sur leur trône.

» Assurément, quelque part qu'on fasse au talent, à l'ambition, aux circonstances, il faut chercher ailleurs encore la cause de cette subite élévation, de cette merveilleuse fortune. Les hommes n'exercent une si grande action qu'à la condition de représenter les idées, les croyances, les besoins de leur temps. C'est par-là que les princes de Lorraine furent si puissants au XVIe siècles. Jetés, avec d'éminentes facultés, au milieu d'une société religieuse et guerrière, ardente et passionnée, ils se trouvèrent en harmonie parfaite avec les instincts, avec les intérêts qui la dominaient. » (*Le cardinal de Lorraine*, par M. Guillemin.)

« Le système de Richelieu peut être envisagé sous trois faces diverses : la politique étrangère, l'administration intérieure, l'unité de la prérogative royale. Sous le premier point de vue, le cardinal arrive à ses fins ; la première période de son ministère se résume en des alliances pour se préparer à la guerre. Quand arrive la guerre, Richelieu la suit par un immense développement de moyens ; rien ne l'arrête, ni la misère du peuple, ni le cri de la paix. Sous le point de vue de l'administration intérieure, le ministre marche à la destruction du système provincial ; il l'atteint par la création des intendances et l'abolition des gouvernements politiques.

» Ce qu'il y a de puissant dans l'esprit de ce grand homme, c'est la ferme conduite du Pouvoir, c'est la volonté de faire arriver vers lui toutes les forces sociales. Le ministre ne veut pas qu'on s'oppose à ses desseins : la famille royale est un obstacle, il la proscrit ; la noblesse remuante paralyse partout ses forces, il dresse des échafauds ; de hautes têtes passent sous cette terrible égalité ; d'autres, comme Henri II de Guise et ses frères (héritiers de la gloire de François et non moins braves que leurs ancêtres), sont obligés de s'expatrier. » (CHATEAUBRIAND.)

TROISIÈME PARTIE.

MAISON D'ORLÉANS.

1688—1789
1789—1857

1688—1693

ANNE-MARIE-LOUISE D'ORLÉANS,

DITE MADEMOISELLE DE MONTPENSIER, OU LA GRANDE DEMOISELLE.

Fille de Gaston de France et de Marie de Bourbon, petite-fille de Henriette-Catherine de Joyeuse et nièce de Marie de Lorraine, née à Paris, le 29 mai 1627.

1689, 26 avril. — Le Parlement de Paris casse le testament fait en faveur du jeune duc de Lorraine par mademoiselle de Guise (Marie de Lorraine).

Il déclare Anne-Marie-Louise d'Orléans héritière de la succession de cette princesse, et, par conséquent, des deux tiers de la principauté de Joinville.

Le Parlement admet les legs faits aux religieuses du Val-d'Osne, aux abbayes de Saint-Urbain, de Montierender et de Saint-Oile, à l'église paroissiale de Joinville, au village d'Éclaron, et autres dons.

1693, janvier. — Création des maires perpétuels et de leurs assesseurs. Ces derniers auront 32 livres et les maires 200 livres d'appointements.

Le maire exercera en même temps l'office de bailli.

Le corps municipal sera chargé de la police. Il connaîtra des procès relatifs aux servitudes des maisons, et, quand il ne pourra concilier les parties, il les renverra devant le bailliage.

— 5 janvier. — Antoine Leclerc est nommé maire et bailli de Joinville.

— 5 avril. — Mort de mademoiselle de Montpensier. Cette princesse s'était montrée bienfaisante comme sa tante qu'elle voulait, disait-elle, faire oublier dans ses terres à force de générosité.

Anne-Marie-Louise, animée d'un enthousiasme tout chevaleresque, avait pris le parti des frondeurs contre le cardinal de Mazarin. En 1652, elle s'était emparée d'Orléans. Cette même année, au combat du faubourg Saint-Antoine, prenant le parti de Condé, que son père n'osait secourir, elle avait eu la hardiesse de faire tirer sur les troupes du roi, son cousin, le canon de la Bastille. Mazarin, qui savait l'extrême envie qu'avait Mademoiselle d'épouser une tête couronnée, aurait dit dans cette circonstance : « Ce canon-là vient de tuer son mari. »

Anne-Marie-Louise, à l'âge de 44 ans, épousa en secret un simple gentilhomme, Lautzun, qui lui fit essuyer les plus cruels outrages.

9631—1701

PHILIPPE DE FRANCE,

Duc d'Orléans, de Chartres, de Nemours et de Valois, fils de Louis XIII, roi de France, et d'Anne d'Autriche, frère du roi Louis XIV, né à Saint-Germain-en-Laye, le 21 septembre 1640, marié à HENRIETTE D'ANGLETERRE, *fille de Charles Ier, roi d'Angleterre, et de Henriette de France, fille elle-même de Henri IV et de Marie de Médicis, puis à* ELISABETH-CHARLOTTE DE BAVIÈRE, *fille de l'électeur de Bavière.*

1693. — Le duc d'Orléans hérite de tous les biens de Mademoiselle de Montpensier, sa cousine germaine, en vertu du testament de cette princesse, qui l'avait institué son légataire universel.

1695. — Réunion à l'hôpital Sainte-Croix de Joinville, de l'Hôtel-Dieu de Doulevant-le-Château, fondé en 1501, par Thierry-Gillot, curé du lieu.

1696. On rattache à l'hôpital Saint-Jean les maladreries de la Madeleine, faubourg de Lorraine, et de Boucheraumont, près Donjeux.

— 16 avril. — Transaction entre mademoiselle de Lillebonne et madame la princesse d'Épinay, d'une part, et le duc d'Orléans, prince de Joinville, d'autre part.

Au moyen de ce traité, le prince devient propriétaire, moyennant 325,500 livres, du troisième tiers de la principauté, qui ne se trouvait pas dans l'héritage de Marie de Lorraine.

Les dames de Lillebonne et d'Épinay descendaient de Claude de Lorraine, par Réné, son sixième fils.

— Création de l'élection. Elle ne comprend pas moins de cent une paroisses. On la substitue à une élection particulière ressortissant de celle de Vitry-le-François.

1697, 20 décembre. — Jeanne Munière, de Joinville, donne à l'église Saint-Laurent 500 livres, pour fonder l'office de sainte Catherine de Sienne.

1701, 9 juin. — Philippe de France meurt à Saint-Cloud, âgé de 61 ans.

DESCENDANTS :

PHILIPPE II, — MARIE-LOUISE, femme de Charles II, roi d'Espagne, morte en 1689 ; — ANNE-MARIE, épouse de Victor-Amédée, roi de Sardaigne, morte en 1728 ; — ÉLISABETH, mariée à Charles, duc de Lorraine, morte en 1744.

1701—1723

PHILIPPE II D'ORLÉANS,

Régent de France, duc de Valois, de Chartres et de Nemours, fils de Philippe de France et d'Élisabeth de Bavière, né le 2 août 1674, à Saint-Cloud, marié, le 17 février 1693, à FRANÇOISE-MARIE DE BOURBON, *légitimée de France, dite Mademoiselle de Blois, fille de Louis XIV et de madame de Montespan.*

1705. — Les religieuses de la Pitié présentent au duc d'Orléans une supplique ayant pour but la réunion de l'hôpital Saint-Jean à leur monastère.

1705. — Mort de François Lespongola, habile sculpteur. Il était né à Joinville en 1650.

1706, 8 septembre. — Incendie du couvent des Capucins.

— Donation par François Fériel, Madeleine, Marie et Nicolle Fériel, ses sœurs, de 50 livres tournois pour construire la tribune de l'orgue du couvent de Sainte-Ame.

— Le prince de Joinville se distingue dans les guerres d'Italie, et notamment à Turin, d'où les Français sont expulsés par le prince Eugène.

1709. — Grande famine, occasionnée par le froid; il s'est fait sentir en février avec une violence telle que toutes les récoltes sont perdues.

La mesure de blé se vend 10 livres, l'orge 5 livres, et l'avoine 3 livres.

1710, 8 août. — Le duc d'Orléans arrête la réunion de l'hôpital Saint-Jean à celui de Sainte-Croix, à condition que l'hospitalité qui s'exerçait en cette maison sera de même exercée à Sainte-Croix.

— Octobre. — Le roi prononce la réunion à l'hospice Sainte-Croix des maisons de charité de Joinville, Sainte-Ame, Boucheraumont et Vanault-le-Chatel.

— Le chanoine Antoine de Brienne fait élever à l'Auditoire une petite chapelle dédiée à saint Louis.

1712. — Le fils d'Antoine Leclerc est nommé maire et bailli de Joinville.

1714, mai. — Louis XIV confirme au duc d'Orléans, son neveu, la principauté de Joinville, et le dispense de porter les armes des ducs de Guise.

— 6 septembre. — Le Parlement de Paris enregistre les lettres patentes données par le roi, en 1710, pour la réunion de divers établissements de charité à Sainte-Croix.

1715, 21 janvier. — Le Parlement enregistre également les lettres de confirmation données au duc Philippe, en mai 1714 (1).

2 septembre. — Cassant le testament de Louis XIV, fait en faveur du duc du Maine, le Parlement nomme le duc d'Orléans régent de France pendant la minorité du roi Louis XV.

1717. — Triple alliance entre le régent, l'Angleterre et la Hollande, pour assurer le droit de succession au trône.

— Le prince de Cellamare et le cardinal Alberoni conspirent contre le régent et demandent l'exécution des conditions du testament de Louis XIV.

---

(1) «Le Parlement, rival victorieux de la représentation nationale, rendait des arrêts politiques, disposait de la régence, refusait ou ordonnait l'impôt; il y avait deux pouvoirs législatifs, les savants, les gens de lettres; les écrivains, attachés de préférence à la robe, faisaient opposition à l'autorité des trois ordres.» (CHATEAUBRIAND.)

Guerre entre l'Espagne et l'Italie. Disgrâce d'Alberoni.

1718. — Le monastère de la Pitié acquiert, moyennant trois mille livres, les bâtiments et les jardins de l'hôpital Saint-Jean, dont les religieuses réclamaient depuis longtemps la suppression.

— Banque de Law, dite du Roi. Le Parlement, voulant faire des remontrances à ce sujet, est exilé à Pontoise par le régent, qui partage toutes les idées de l'Écossais novateur.

1722. — Le duc d'Orléans fait sacrer Louis XV à Reims et arrête le mariage de ce monarque avec Marie-Anne, infante d'Espagne.

Philippe quitte ensuite la régence ; il reste néanmoins à la tête des affaires.

1723, 2 décembre. — Le prince de Joinville meurt subitement à Versailles.

« Le duc d'Orléans possédait les arts, le dessin, la musique. Il peignait et gravait avec un goût épuré. »

Philippe avait une connaissance parfaite des questions politiques. Le trait saillant de son caractère, qui le place haut dans l'histoire, c'est sa conduite à l'égard de l'enfant royal,

ENFANTS DE PHILIPPE II :

Louis Ier, — Marie, épouse du duc de Berry, morte en 1719; — Louise-Adélaide, abbesse de Chelles, sous le nom de sœur Bathilde, morte en 1743 ; — Charlotte-Aglaé, ou Mademoiselle de Blois, mariée à François d'Este, duc de Modène, morte en 1761 ; — Louise-Élisabeth, dite Mademoiselle de Montpensier, épouse de Louis Ier, roi d'Espagne, morte en 1742 ; — Philippe-Élisabeth, ou Mademoiselle de Beaujolais, morte en 1734 ; — Louise-Diane, dite Mademoiselle de Chartres, femme de Louis-François de Bourbon, prince de Conti, morte en 1736.

1723—1752

LOUIS Ier D'ORLÉANS,

Fils de Philippe II et de Françoise-Marie de Bourbon, né à Versailles, le 4 août 1703, marié, en 1724, à AUGUSTE-MARIE DE BADE.

1726, mars. — Le froid se fait violemment sentir en France. Un auteur rapporte que *l'encre gelait sur une table, près de la cheminée; les verres posés sur la table, auprès du feu, s'attachaient à la nappe.*

1727. — Le prince Louis, voulant faire cesser les discussions qui s'élèvent souvent entre les officiers municipaux de Joinville et le bailliage de la principauté, rembourse les officiers de leurs charges et attribue la police au bailliage soumis à sa nomination.

1735. — Il fait construire l'hôpital d'Éclaron, conformément aux dispositions testamentaires de mademoiselle de Guise.

1738, 10 mars. — Restaurations de la chapelle des princes; elles amènent la découverte de deux longues pierres placées sur l'ouverture des caveaux de l'église Saint-Laurent.

— 13 mars. — Les autorités se rendent à l'église du château, où le chapitre s'est réuni, et descendent dans le caveau. « *On remarque que tous les corps sont presque consumés, à l'exception de celui de Claude de Lorraine.* »

1742. — Joinville donne le jour à Edme-Jean-Antoine du

Puget, membre de l'Institut, fils de Jean-Pierre du Puget, avocat en Parlement, conseiller du roi et son procureur au siége des traites foraines de Joinville (d'une ancienne famille de la Bresse), et de Marie-Françoise Guillaumé.

1747. — Le château du Grand-Jardin étant devenu inhabitable, le prince ordonne qu'il sera démoli, à l'exception des murs de clôture et des quatre tours qui se trouvent dans les encoignures de ces murs.

Messire Jacques Faypoult, écuyer, bailli de Joinville, accepte un bail de 99 années qui, en lui assurant la jouissance du sol, lui impose l'obligation d'entretenir les lieux en bon état.

1749. — Le marquis de Lespéroux, seigneur de Donjeux, se rend acquéreur, moyennant 16,000 livres, de la maladrerie de Bouchereaumont.

Béatrix d'Arzilières, épouse de Gui de Joinville, avait été enterrée dans la chapelle de cette maison, dont son mari était le fondateur.

— Les ingénieurs du prince dressent le plan de Joinville.

1752. — Louis Ier meurt à St-Germain, le 4 février.

ENFANTS :

Louis-Philippe, — Louise-Madeleine d'Orléans, morte en 1728.

1752—1785

LOUIS-PHILIPPE D'ORLÉANS,

Colonel du régiment d'Orléans, fils de Louis Ier et d'Auguste-Marie de Bade, né à Versailles le 12 mai 1725, marié, en 1743, à LOUISE-HENRIETTE DE BOURBON-COMTI.

1751, 2. — Dépenses faites par la ville pour la plantation du Petit-Bois, 3,000 livres.

1752, 16 juin. — Lettres patentes du roi autorisant le prince de Joinville à renouveler toutes les prérogatives de sa principauté.

— 11 juillet. — Le conseil du duc nomme le sieur Simon de Besmont, pour être présent aux déclarations des habitants.

— 1er septembre. — Ordonnance du bailli portant injonction à tous les vassaux de la principauté de rendre foi et hommage et de faire leur aveu et dénombrement.

Comparution des principaux habitants de Joinville devant les notaires, pour passer leur déclaration.

1754, 5 mai. — Rénovation du terrier de la principauté.

— Construction de la route de Saint-Dizier à Chaumont. Elle passe au pied du couvent de Sainte-Ame.

1756, 6 septembre. — Le tonnerre tombe sur le monastère de la Pitié et y détermine un violent incendie. L'église et une grande partie des bâtiments sont réduits en cendres.

1757. — La foudre cause quelques dégâts à l'église de Notre-

Dame et tue un cordonnier, nommé Rollet, travaillant dans une maison voisine de la chapelle Saint-Crépin.

1759. — Mort de Louise-Henriette de Bourbon, épouse du prince de Joinville.

1760. — Reconstruction du couvent de la Pitié.

— Joinville donne le jour à François Devienne, compositeur de musique.

1765. — Louis-François Patot, chanoine de Saint-Laurent, meurt à Joinville, âgé de 60 ans.

1767. — La ville fait abattre les tilleuls qui couvraient de leur ombrage les tombes du cimetière de la paroisse.

1768. — Des vignerons trouvent aux environs de Sainte-Ame plusieurs tombeaux renfermant des squelettes *d'une grandeur extraordinaire* (1).

— Le régiment d'Artois succède au régiment de Clermont, en garnison à Joinville depuis 1766.

1770. — François Devienne, âgé de 10 ans, compose une messe qui est exécutée.

1771. — Arrêté de la Chambre du grenier à sel, qui fixe le prix du sel à 35 sols 1 denier la livre.

— Construction des écluses, avec des matériaux provenant de la démolition des tours du Grand-Jardin.

1772. — Petitjean, curé de Joinville, détermine plusieurs confréries et quelques personnes pieuses à faire ériger une grille en fer à Notre-Dame.

Cette grille remplace une lourde balustrade en bois, située au-dessous du jubé.

1773, 7 septembre. — Bénédiction du nouveau couvent de la Pitié.

(1) Manuscrit de M. Larmet.

— Le tonnerre tombe sur la grande tour du château et y met le feu.

— Le prince s'empare des revenus de la chapelle Saint-Michel et donne à M. de Petigny, titulaire, 400 fr. pour acquitter les messes.

Démolition de cette chapelle.

— Le régiment de dragons, en garnison à Joinville depuis 1771, est remplacé par le régiment du Roi.

— La chambre du grenier à sel fixe le prix du sel à 13 sols la livre.

1782. — Les habitants de Joinville, fatigués de loger dans leurs maisons les troupes qui, depuis 1764, ont constamment tenu garnison dans la ville, s'adressent à l'intendant de Champagne, du consentement du prince, et demandent l'installation des troupes dans les bâtiments du collége, ce qui leur est accordé.

Le collége est alors transféré à l'hôtel-de-ville.

1784. — Les chevau-légers sont remplacés dans la garnison par le 6e chasseurs.

— Jacques Faypoult, bailli de Joinville, sollicite et obtient du duc d'Orléans la rétrocession du bail consenti en sa faveur en 1747.

1785. — Élocques, évêque de Châlons, vu l'état de dépérissement du château de Joinville, propose le transfert du chapitre de Saint-Laurent dans l'église paroissiale.

Le chapitre, répondant au prélat, signale les nombreux inconvénients et les dépenses qu'entraînerait cette translation. « Considérant, en outre, que ce serait attenter à la mémoire des sires de Joinville, bienfaiteurs de Saint-Laurent, si on détruisait les respectables monuments que cette collégiale renferme, les chanoines refusent de donner leur consentement au projet de l'évêque de Châlons. »

— Démolition de la maladrerie de la Madelaine, située à l'extrémité du faubourg de Lorraine.

18 novembre. — Mort du prince de Joinville. Il avait introduit en France l'inoculation.

ENFANTS DE LOUIS-PHILIPPE :

Louis-Philippe-Joseph, — Marie-Thérèse, mariée au duc de Bourbon, L.-H. Joseph, morte en 1822.

1785—1793

LOUIS-PHILIPPE-JOSEPH D'ORLÉANS,

SURNOMMÉ ÉGALITÉ,

Fils de Louis-Philippe Ier d'Orléans et de Louise-Henriette de Bourbon, né à Saint-Cloud, le 13 avril 1747, marié, en 1769, à Louise-Adélaide de Bourbon-Penthièvre, *fille du vertueux duc de Penthièvre.*

17 8. — Démolition de la chapelle Saint-Maurice, dite Chapelle-Borgne, à Notre-Dame de Joinville.

— Suppression de la maîtrise. On ne fait plus de musique au château (1).

1789. — Plantation de peupliers au Petit-Bois.

1789.

4 août. — L'Assemblée nationale abolit tous les priviléges, les titres, les dîmes, les droits seigneuriaux de la noblesse et du clergé.

23, 24. — Elle décrète la liberté des opinions religieuses et celle de la presse.

2 décembre. — Sur la proposition de Talleyrand (2), évêque

(1) Manuscrit de M. Larmet.

(2) « M. de Talleyrand, nommé deux fois membre du comité de direction, exerça une influence directe sur une partie des lois qui nous régissent aujourd'hui. Il proposa un système de crédit dont naquit plus

d'Autun, l'Assemblée nationale déclare les biens du clergé biens nationaux.

L'État se charge des dettes du service ecclésiastique, du service des hôpitaux et de la dotation des ministres.

« Les esprits étaient dans une fermentation universelle. Des assemblées s'étaient formées dans toute la France, à l'exemple de l'Angleterre et sous le même nom, celui de *clubs*. On ne s'occupait là que des abus à détruire, des réformes à opérer et de la Constitution à établir. On s'irritait, par un examen sévère, de la situation du pays. En effet, son état politique et économique était intolérable. Tout était privilége dans les individus, les classes, les villes, les provinces et les métiers eux-mêmes. Tout était entravé pour l'industrie et le génie de l'homme. Les dignités civiles, ecclésiastiques et militaires étaient exclusivement réservées à quelques classes, et dans ces classes à quelques individus. On ne pouvait embrasser une profession qu'à certains titres et à certaines conditions pécuniaires. Les villes avaient leurs priviléges pour l'assiette, la perception, la quotité de l'impôt et pour le choix des magistrats. Les grâces mêmes, converties par la survivance en propriétés de famille, ne permettaient

---

tard l'idée d'une caisse de désamortissement. Le système sur l'impôt et la loi sur l'enregistrement, tels qu'ils fonctionnent depuis longtemps, furent le résultat des méditations de Talleyrand et de Rœderer.

» Il provoqua l'abolition de la dîme, la conversion des biens du clergé en propriété nationale, l'admission des juifs aux droits politiques, l'uniformité des poids et mesures. Il élucida un plan d'instruction publique qui servit de base aux délibérations de la Constituante. »

(*Portraits politiques au* XIXe *siècle, le prince de Talleyrand*, par Hyppolite Castille, 1857.)

presque plus au monarque de donner des préférences. Tout était donc immobilisé dans quelques mains, et partout le plus petit nombre résistait au grand nombre dépouillé. Les charges pesaient sur une seule classe. La noblesse et le clergé possédaient à peu près les deux tiers des terres ; l'autre tiers, possédé par le peuple, payait des impôts au roi, une foule de droits féodaux à la noblesse, la dîme au clergé, et supportait de plus les dévastations des chasseurs nobles et du gibier. Les impôts sur les consommations pesaient sur le grand nombre, et, par conséquent, sur le peuple. La perception était vexatoire ; les seigneurs étaient impunément en retard ; le peuple, au contraire, maltraité, enfermé, était condamné à livrer son corps à défaut de ses produits. Il nourrissait donc de ses sueurs, il défendait de son sang les hautes classes de la société, sans pouvoir exister lui-même.

» La bourgeoisie, industrieuse, éclairée, moins malheureuse, sans doute, que le peuple, mais enrichissant le royaume par son industrie, l'illustrant par ses talents, n'obtenait aucun des avantages auxquels elle avait droit.

» La justice, distribuée dans quelques provinces par les seigneurs, dans les juridictions royales par des magistrats acheteurs de leurs charges, était lente, souvent partiale, toujours ruineuse, et surtout atroce dans les poursuites criminelles. La liberté individuelle était violée par les lettres de cachet, la liberté de la presse par les censeurs royaux. Enfin, l'État, mal défendu au dehors, trahi par les maîtresses de Louis XV, compromis par la faiblesse des ministres de Louis XVI, avait été récemment déshonoré en Europe par le sacrifice honteux de la Hollande et de la Pologne.

» Si l'on joint à cet état de choses le désordre des finances, la disposition des esprits imbus des théories philosophiques des écrivains et des économistes du XVIIIe siècle, l'exemple de l'Amérique, la résistance des classes privilégiées aux réformes qu'on leur proposait, enfin l'oubli des principes qui maintiennent les sociétés, on aura rassemblé les causes qui amenèrent la Révolution française. » (*Histoire de France*, par Mlle Aug^ne^ Gombault.)

1789—1857

1790, 27 janvier. — Division du royaume en 83 départements. Joinville devient l'un des six districts de la Haute-Marne.

— Création de nouvelles magistratures, toutes fondées sur l'élection. Avant cette époque, le conseil municipal de Joinville se composait d'un maire et de son lieutenant, de deux échevins et de quatre conseillers de ville, auxquels venaient se joindre un procureur du roi, un greffier et un receveur des domaines.

La gruerie était établie de vieille date. Le gruyer connaissait seul des délits relatifs aux eaux et forêts dans l'étendue de la principauté.

Il y avait, en outre, une maréchaussée et un grenier à sel.

L'église Notre-Dame avait un doyen, duquel dépendaient 60 curés. Plus anciennement, elle avait possédé un titre d'archidiacre à la cathédrale de Châlons.

— 19 août. — Inventaire des meubles et effets mobiliers, titres et papiers de l'église du château. Il constate d'abord que les revenus du chapitre sont :

En grains, de 897 boisseaux de blé et de 683 boisseaux d'avoine ;

En argent, de 10,118 livres 19 sols.

DIMES. — *Revenus annuels :*

En grains, de 549 boisseaux et demi de blé et de 602 boisseaux d'avoine ;

En argent, de 8,606 livres 13 sols.

Le trésorier receveur déclare, en outre, que le chapitre exploite 181 journées de vignes, et qu'il possède, tant à Chancenay qu'à Bayard et à Dommartin, 635 arpents 81 perches de bois, dont 163 arpents 68 perches en réserve et le surplus en coupes réglées.

— 27 avril. — Le duc d'Orléans met en vente les bâtiments du château, qu'on avait cessé de réparer depuis longtemps, à la charge de faire tout démolir. Berger et Passerat s'en rendent acquéreurs moyennant : matériaux, 6,000 livres; terrain, 1,500 livres.

— 2 juin. — Jean-Charles-Marie Choderlot, régisseur des biens de Louis-Philippe-Joseph, vend à Hypolite-François de Thosse, officier au régiment royal-cavalerie, en garnison à Joinville, le château du Grand-Jardin, pour une somme de 23,000 livres.

— Démolition des murs du manoir féodal et des murailles de la ville.

— Les Ursulines évacuent leur logement, rue des Royaux.

1792, 20 novembre.—L'église Saint-Laurent, frappée comme tant d'autres du sequestre national, est mise en vente.

— 19, 20 novembre. — Le directoire du district fait ouvrir les caveaux de l'église, arrache les tombeaux à leur linceul de plomb, et, profitant des ténèbres, les fait jeter pêle-mêle dans une fosse commune creusée secrètement au cimetière cloîtré du château.

— 20 novembre. — Au point du jour, les habitants de Joinville ont connaissance de ce sacrilége. Un menuisier, Fabre, énergique interprète du mécontentement de tous, vient au sein du conseil municipal assemblé, et réclame, au nom des citoyens qui l'entourent, une éclatante réparation des outrages du directoire.

— 23 novembre. — Les restes des Guise sont exhumés de nouveau. On les expose dans l'église Saint-Laurent, aux regards de la foule qui s'y porte en affluence. Claude et François sont toujours bien reconnaissables. On prend leurs cheveux comme autant de souvenirs.

— 23 novembre. — Un convoi solennel les accompagne au cimetière de la ville. Chacun comprend que les cendres des princes doivent être respectées comme celles des simples particuliers.

Avec le surplus d'une quête organisée pour subvenir aux dépenses exigées par les circonstances, le maire, M. Royer, fait distribuer plus de mille livres de pain aux indigents. (*Joinville*, par M. Fériel.)

— Les Annonciades évacuent leur monastère, situé au faubourg de Lorraine.

— Évacuation du couvent de la Pitié, faubourg Saint-Jacques.

— 27 novembre. — Le directoire du district, en présence des citoyens Petitjean et Leroy, commissaires nommés par la municipalité, adjuge à M. Jean-Baptiste Berger, de Vassy, moyennant 4,150 livres, l'église Saint-Laurent, y compris la chapelle des princes, le cloître, la galerie et le logement du sonneur ; les marbres et le jeu d'orgues de l'église exceptés.

— Démolition de cette église, si riche et si curieuse par ses tombeaux. « Le plus ancien de ces mausolées (dit M. Fériel) renfermait les cendres de Jean de Joinville ; dans l'arcade qui séparait le chœur de la chapelle Saint-Joseph, on voyait sa statue, couchée, les mains jointes. Le chevalier était vêtu d'une cotte de mailles, les jambes couvertes de leurs armures et la tête coiffée d'un bonnet en forme de camail.

» Entre la chapelle de la Vierge et celle des princes, était le tombeau d'Anselme. La statue du noble baron, vêtu en guerre, le bouclier au bras, reposait entre celles de ses deux épouses. La tombe était élevée de 3 pieds et environnée de colonnes, supportant une architecture en forme de chapelle.

» Près de l'autel de la Vierge, les deux effigies du guerrier resté sur le champ de bataille d'Azincourt, et de Marguerite de Joinville, dormaient sur un lit de pierres orné de statuettes dans l'attitude de la douleur. A leur tête, un écusson, aux armes de Joinville et de Lorraine, indiquait l'alliance des deux maisons; leurs pieds étaient appuyés sur des chiens, symbole de la fidélité et de l'attachement conjugal.

» Le soubassement du riche tombeau de Ferri II, placé au milieu du chœur de l'église, supportait une table de marbre noir sur laquelle étaient étendues les statues, grandes comme nature, de ce seigneur et d'Yolande. Ces statues étaient en cuivre jaune. Le duc, couvert d'une armure brillante, sans casque; Yolande, ornée de la couronne royale, les pieds appuyés sur un lévrier, avaient leurs têtes posées sur des carreaux et abritées par des dômes à jours.

» Placé dans l'angle de la chapelle Saint-Nicolas, le mausolée de Henri, évêque de Metz, était posé sur un socle de marbre noir. Le massif, revêtu de cuivre, se divisait en 10 niches; sur ses deux faces et dans ces niches étaient placées des figures de saints, hautes de dix-huit pouces. Au-dessus du massif, s'étendait une table de marbre sur laquelle l'évêque de Metz, en habits pontificaux, mitre en tête, les mains jointes, était agenouillé devant un oratoire. Derrière lui, un clerc, également à genoux, tenait sa crosse épiscopale. Deux anges supportaient l'écusson de ses armes. Toutes ces statues étaient en cuivre et sortaient de la fonderie de Henrion Costerel, de Troyes.

» C'est dans la chapelle des princes qu'était érigé le plus somptueux des monuments funèbres. Il avait été élevé à la mémoire de Claude de Lorraine, et ses descendants, après avoir jeté sur la France un éclat aussi vif que rapide, étaient venus reposer près de lui.

» La façade du monument se développait sur une longueur de douze pieds et une hauteur de dix-huit ; quatre cariatides en albâtre (la Justice, la Tempérance, la Force et la Prudence) soutenaient un entablement en pierre blanche sur lequel deux statues de marbre étaient agenouillées ; l'une représentait Claude de Lorraine, couvert d'un manteau ducal, ayant devant lui sa couronne ; l'autre, Antoinette de Bourbon, vêtue aussi d'un riche manteau et la tête couverte d'un chaperon. Le mausolée, voûté à l'intérieur, était élevé de quinze pieds environ. Dans les tympans, on avait sculpté la Foi, la Religion, la Charité et l'Abondance. Quatre bas-reliefs décoraient les murs et représentaient les exploits du premier des Guise. Au centre, sous un dé de pierre posé sur un socle de marbre noir, s'élevait une dalle supportant les statues de Claude et d'Antoinette, statues en marbre blanc, la tête soutenue par des coussins.

» Cette œuvre de la Renaissance est attribuée à des artistes de l'Italie : Dominique Florentin, Picard, dit le Roux, et Richiel. (*Annuaire de la Haute-Marne*, 1844.)

1792. — Démolition de la tour du château ; ainsi disparaît l'ancien manoir d'Étienne de Vaux.

» A l'extrémité du chemin qu'il faut gravir aujourd'hui et qui, planté d'arbres verdoyants, offrait alors une pente moins inégale et moins rapide, était placée la porte d'entrée. Près d'elle on apercevait les restes de la tour de Jovin, respectables débris qu'on regardait comme les titres les moins contestables de l'ancienneté de Joinville.

» L'église castrale, précédée d'un cimetière fermé de murs, s'offrait ensuite aux regards du visiteur. Une chapelle, faisant saillie au dehors, se rattachait à l'église et communiquait, par une galerie couverte, aux salles du château.

» Non loin de là et au milieu des bâtiments, s'élançait la tour qui dominait tout l'édifice; ses murs avaient quinze pieds d'épaisseur ; elle était voûtée en dedans et garnie de meurtrières à son sommet.

» La grande salle regardait la ville et donnait sur une large terrasse ornée d'appuis à jours et taillée dans le roc vif. C'est au milieu de cette façade que se trouvait, en saillie, le cabinet de la Ligue, dont l'escalier, pris dans l'épaisseur du mur, se dérobait aux yeux.

» La salle aux gardes s'avançait à l'angle du bâtiment et conduisait, par un grand escalier, au jeu de paume, qui se prolongeait sur le penchant du coteau, près de la tour de Boutefeu.

» Derrière le château étaient les cours et les jardins.

» Au-delà de cette première enceinte, qui renfermait l'église, était une vaste esplanade qui s'allongeait du côté du bois pour y former trois bastions.

» Depuis la terrasse jusqu'à la ville s'étendait une vigne immense (la Vigne-aux-Mûres) qui tirait son nom des mûriers qu'on y cultivait jadis. » (*Joinville*, par M. Fériel, en 1835.)

1793. — Suppression des boucheries du prince. Suppression des couvents. Vente des tombeaux du cimetière de la ville. Vente des moulins. Démolition de la chapelle de Saint-Maurice, à Notre-Dame.

— On remplace, par un arbre de la liberté, la croix élevée au milieu de la place du marché.

— Pour favoriser la réunion, à Sainte-Croix, des divers établissements de charité de Joinville, le duc d'Orléans abandonne une place où se trouvent ses pressoirs ; c'est là qu'on établit la salle Saint-Jean pour recevoir les passants pauvres et les soldats malades.

Les revenus des divers hôpitaux, administrés séparément jusqu'ici, sont alors confondus.

— 6 novembre. — Exécution de Philippe Égalité, accusé d'avoir aspiré à la couronne après avoir fait tomber celle de Louis XVI ; le tribunal révolutionnaire l'a condamné à mort.

Ce prince, qui s'était opposé aux actes arbitraires du roi, possédait un caractère ferme et un esprit d'honorable indépendance.

DESCENDANTS :

Louis-Philippe II, — Antoine-Philippe, duc de Montpensier, mort en 1807 ; — Alphonse-Léodgard, comte de Beaujolais, mort en 1808 ; — Eugénie-Adélaide, Madame d'Orléans, née en 1777, morte en 1847.

1793—1830

LOUIS-PHILIPPE II D'ORLÉANS,

DUC DE CHARTRES (1),

Fils de Louis-Philippe-Joseph et de Louise-Adélaïde de Bourbon-Penthièvre, né le 6 octobre 1773, marié, le 15 novembre 1809, à Marie-Amélie, *fille de Ferdinand Ier, roi des Deux-Siciles, née le 25 avril 1782.*

1793. — Fermeture de l'église Notre-Dame.

Établissement d'un club dans la nef.

— Le duc de Chartres prend le titre de duc d'Orléans.

— Proscrit par la Convention, il quitte la France avec Dumouriez. Ce prince s'était distingué, en qualité de général, à Valmi et à Jemmapes, en 1792 (2).

1794 — Démolition des trois portes de Joinville ; depuis longtemps on ne les fermait plus.

— 10 mars. — Des hussards Chamborans traversent Joinville. Ils pillent l'église Notre-Dame et, après avoir brisé les statues qui passaient pour être celles de Jovin et de sa femme, ils se promènent par la ville, revêtus des habits sacerdotaux.

— Mariage de M. Petitjean, curé de Joinville. Précédemment

(1) Tant que son père fut duc de Chartres, Louis-Philippe porta le titre de duc de Valois.

(2) Le duc de Chartres suivit Dumouriez, ce fut une faute. On ne suit pas un traître, même pour prendre le chemin de l'exil. Il la répara d'ailleurs, en refusant le commandement d'une division que lui offrait le prince de Saxe-Cobourg-Gotha. Il se borna à solliciter un passeport pour la Suisse.

(*Portraits politiques*. Castille.)

on lui avait retiré les registres de l'état civil. (M. Petitjean avait été maire de notre cité en 1792.)

1795. — Vente du couvent de Sainte-Ame ; l'acquéreur, M. Royer, fait hommage à Notre-Dame du sépulcre donné au monastère par Antoinette de Bourbon.

— Réouverture de l'église de Joinville. La paroisse se compose de toute la commune ; elle est desservie par un curé et deux vicaires.

La ville comprenait autrefois deux paroisses : celle de la commune et celle du château, dont le doyen du chapitre était curé.

1796.—Réédification de la chapelle Sainte-Maurice, à Notre-Dame.

1797. — Établissement d'un théâtre aux Ursulines (dans le chœur des dames).

1798. — Établissement des bureaux d'octroi.

1799. — Démolition de l'hôpital Saint-Jean.

— Vente du couvent de la Pitié à M. Hû. L'acquéreur fait démolir ce monastère au fur et à mesure qu'il trouve l'écoulement des matériaux.

1800. — Démolition du couvent de Sainte-Ame.

« Cette maison, dit un auteur déjà nommé, était assise sur le penchant d'une colline, à 1 kilomètre de Joinville, sur la route qui conduit à Saint-Dizier.

» Un pan de murs, percé de longues ouvertures pour laisser échapper les eaux du coteau, est tout ce qui nous reste du monastère de Sainte-Ame.

— Le département de la Haute-Marne, qui avait été divisé en six districts jusqu'à l'an IV, puis morcelé en administrations cantonales, est de nouveau réuni et ne forme plus que trois arrondissements.

Les districts de Joinville et de Saint-Dizier sont réunis pour former l'arrondissement de Vassy.

— 11 juin. — La ville rentre dans la jouissance et la pro-propriété de ses bois (tribunal de Chaumont) (1).

— 26 juin. — Réjouissances à l'occasion des victoires remportées par l'armée française en Italie.

1801, septembre. — Joinville perd, à Paris, le procès qu'elle soutenait contre le gouvernement, relativement aux bois d'usages vendus au prince de Joinville en 1657 (2).

1802. — Établissement d'un bureau de bienfaisance.

— 14 avril. — Mort de Edme-Jean-Antoine du Puget, né à Joinville en 1752. Son oncle, Joseph-Étienne du Puget, officier supérieur d'artillerie, l'avait fait entrer, très jeune, dans ce corps, où il se distingua dans les guerres de la Corse, et, passant successivement de grade en grade, il parvint bientôt à ceux de colonel et de maréchal-de-camp. Il avait été décoré, de bonne heure, de la croix de Saint-Louis. Nommé inspecteur général des colonies, pour la partie militaire, il y passa les années 1784, 1785 et 1786.

Rentré en France, il fut nommé sous-gouverneur du Dauphin Louis XVII. Le duc d'Harcourt, en le présentant au roi, dit : *Sire, voilà un des hommes les plus instruits de votre royaume ; je ne vous l'eusse pas présenté si j'en connaissais un plus digne de remplir cette place.* Et le roi donna le titre de comte à Puget. A la mort de Louis XVI, il se retira à Amiens. Mis en prison pendant la Terreur, il en sortit à la chute de Robespierre. Il se confina alors dans la terre d'Argicourt.

Du Puget était membre de l'Institut, bon botaniste et minéra-

(1) Manuscrit de M. Larmet.

(2) Idem.

logiste. Le *Journal des Mines* renferme plusieurs de ses mémoires.

1803. — Mort de Devienne, compositeur de musique, attaqué d'aliénation mentale depuis 1799. Il est connu par un grand nombre d'opéras comiques, au nombre desquels: Les *Visitendines, Rose et Aurèle,* les *Musiciens ambulants,* le *Valet à deux Maîtres.*

— On dirige sur Auxonne deux canons du calibre de quatre, fondus avec le métal provenant du couronnement et des colonnes en cuivre de l'autel principal de Saint-Laurent.

1804. — Établissement d'un bureau de loterie.

1805. — Joinville voit naître Claude-François-Marcel Richier, agronome distingué.

1805. — Charles-Louis Lapique, né à Joinville en 1768, est nommé major au 8e régiment de hussards. — Officier de la Légion-d'Honneur, chevalier de la Couronne-de-Fer, il refuse, en 1813, par amour pour la France, le grade de colonel au service de Naples.

1806. — Vente de la chapelle du cimetière à M. Hanin.

— 26 mars. — Cession des halles à la ville, par le Gouvernement.

1807. — M. Ledéchault fils aîné, banquier, cède à Joinville la moitié du couvent des Ursulines, qu'il venait d'acheter.

1809.—Reconstruction du Grand-Pont, à l'extrémité du faubourg de Lorraine.

1810, 4 novembre. — Joinville donne le jour à M. Jules Fériel, procureur impérial à Chaumont, correspondant du ministère de l'instruction publique pour les travaux historiques, ancien secrétaire de la société historique et archéologique de Langres, correspondant de la commission départementale des antiquités de la Côte-d'Or, de la société d'histoire et d'archéologie de Châlons-sur-Saône, de la société éduenne, etc., etc. Il est auteur de plusieurs ouvrages sur sa ville natale (1).

1811, 9 mai. — Le conseil de la ville renonce au droit de faire démolir la chapelle bâtie au milieu du cimetière. Cependant, il se réserve la faculté de rentrer dans ce droit si M. Hanin, propriétaire du monument, négligeait son entretien tant intérieurement qu'extérieurement. Ce dernier devra en outre salarier le ministre et pourvoir la chapelle de tous les ornements nécessaires à la célébration de l'office divin.

— Construction des grandes écuries aux Ursulines. Le 3e chasseurs prend garnison à Joinville.

1812. — Le blé, qui valait 23 francs l'hectolitre en 1810, et 28 francs en 1811, coûte actuellement 42 francs.

— Formation de huit compagnies de gardes nationales.

— M. Richier, propriétaire de l'emplacement du château, fait couvrir de bois toute la partie qui regarde Joinville.

— Pose du maître-autel de l'église paroissiale. Ce morceau, taillé dans le marbre, provient de l'abbaye de Clairvaux. Destruction de l'autel qui provenait des Capucins. Vente du Tabernacle à la commune de Blécourt. Pose du pavé en marbre dans le sanctuaire.

1814. — Le duc d'Orléans rentre en France. Pendant son séjour en Suisse, ce prince s'était trouvé dans l'obligation de donner des leçons au collége de Reicheneau.

---

(1) « Par décret impérial en date du 12 août 1857, M. Fériel a été nommé chevalier de la Légion-d'Honneur : vingt années d'honorables services dans la magistrature, un talent à la hauteur du ministère dont il est investi, ne sont pas les seuls titres de M. Fériel à la distinction dont il vient d'être l'objet ; elle est encore justifiée par les preuves de haute prudence, de courage civil, d'inflexibilité dans le devoir, qu'il a données dans des circonstances délicates dont le souvenir est resté parmi nous. »
(*Écho de la Haute-Marne* du 18 août 1857.)

1814, septembre. — Le duc de Berry passe à Joinville ; il descend chez M. Rozet.

— 22 janvier. — Entrée des alliés à Joinville.

— 27 janvier. — Bataille de Saint-Dizier. Napoléon Ier mène tambour battant une division russe de 6,000 hommes, qui se replie sur Joinville.

Le pays souffre cruellement de la présence des ennemis. On enlève dans les campagnes les chevaux de charroi et de labourage, ainsi que les bêtes à cornes et les troupeaux de moutons. Les réquisitions de grains et de fourrages s'y multiplient d'une manière effrayante.

— « Le comte de Raigecourt, Français d'origine, mais général au service de l'ennemi, et qui administre la Haute-Marne au nom de l'empereur d'Autriche, fait publier et afficher l'arrêt suivant :

» Considérant que la commune de Joinville est plus rapprochée que celle de Vassy du chef-lieu du département ; que, sous ce rapport, il y aura plus de célérité dans la correspondance et la réception des dépêches ; que, d'ailleurs, les passages des armées alliées étant très multipliés sur le point de Joinville, un sous-préfet résidant en cette ville est plus à portée de pourvoir à leurs besoins ; que le même motif n'existe pas pour ordonner la translation des tribunaux ;

» Et attendu que le sieur Clément Leblanc, ancien sous-préfet de Vassy, est actuellement absent ;

» Arrête : — Le siége de la sous-préfecture de l'arrondissement de Vassy est provisoirement fixé à Joinville. La nomination de M. Royer, ancien maire de Joinville, en qualité de sous-préfet, est confirmée. Les employés de la sous-préfecture se rendront à Joinville pour concourir, chacun en ce qui le concerne, au travail des bureaux de cette sous-préfecture. Tous les papiers y relatifs seront transférés, sous bonne et sûre garde, à Joinville. Les tribunaux et autres établissements demeurent fixés à Vassy, à l'exception néanmoins de la recette des contributions, qui devra être placée immédiatement sous la surveillance de M. le sous-préfet de l'arrondissement de Joinville, etc., etc. »

— Le même comte de Raigecourt annonce dans une proclamation qu'il va faire emprisonner les percepteurs et exécuter militairement les contribuables si l'on ne s'empresse d'acquitter les 150,000 fr. qu'il a imposés au département, pour les hôpitaux des armées coalisées.

1815, octobre. — Passage de l'empereur de Russie; sa voiture s'arrête faubourg du Grand-Pont. On renverse l'arbre de la liberté, planté, en 1793, sur la place voisine des halles.

1816. — Construction, à l'hôpital Sainte-Croix, d'un local destiné à l'instruction gratuite des filles pauvres de la ville.

— Une contestation survient entre l'administration municipale et celles des domaines, au sujet de la propriété des casernes, devenues inutiles depuis qu'une décision du Gouvernement a éliminé la ville du nombre de celles qui doivent tenir garnison. Joinville est maintenu dans ses droits.

— Établissement des écoles chrétiennes à l'hôpital Sainte-Croix.

1817. — Le blé coûte 88 fr. l'hectolitre, et l'avoine 21 fr.

18 décembre. — M. Petitjean, ancien curé de Joinville, meurt à Paris.

1818. — Établissement de l'enseignement mutuel pour les garçons, dans les salles des Ursulines.

1819, juin. — Le duc d'Angoulême, passant à Joinville, s'arrête au château du Grand-Jardin.

1819. — Réparations diverses au clocher de Notre-Dame.

1821. — Louis-Philippe et Mlle d'Orléans, sa sœur, accordent à la ville la jouissance perpétuelle de l'Auditoire et du Petit-Bois.

1822, avril. — Incendie de l'ancien couvent des Annonciades, acheté par M. Hû.

— L'administration de la ville achète, moyennant 8,000 fr., une maison, rue des Chanoines, pour y loger les frères de la doctrine chrétienne.

1824. — Installation des frères. Plantation de l'avenue dite de la Grève.

1825. — La gendarmerie s'installe rue des Marmouzets.

1826. — Inauguration du temple des francs-maçons, rue du Grand-Pont. Plantation de la croix de mission au cimetière.

1827. — M. Toupot de Béveaux est élu député, en remplacement de M. Becquey.

1828, 17 septembre. — Charles X est complimenté à Joinville par l'évêque de Langres et par les autorités de l'arrondissement. Plantation de l'allée du Nuisement.

1829, 14 décembre. — Construction d'une salle, à Sainte-Croix, pour les vieillards septuagénaires.

— Le pensionnat est rétabli dans son ancien local.

— On trouve dans un mur de la chapelle Saint-Michel une boîte en plomb renfermant le cœur de Jean de Thomassin, bailli de Joinville.

1829. — Construction des forges de Joinville.

1830. — Le duc d'Orléans, prince de Joinville, est nommé lieutenant-général du royaume. Le 9 août, il prête serment, comme roi des Français, d'observer la charte avec les modifications qu'on lui a fait subir.

ENFANTS DE LOUIS-PHILIPPE II :

FERDINAND-PHILIPPE-LOUIS-CHARLES-HENRI-JOSEPH D'ORLÉANS, né le 3 septembre 1810, marié, le 30 mai 1837, à Hélène-Louise-Élisabeth, fille de Frédéric-Louis, grand-duc héréditaire de Mecklembourg-Schwerin, mort le 13 juillet 1842; — LOUIS-CHARLES-PHILIPPE-RAPHAEL D'ORLÉANS, duc de Nemours, né le 25 octobre 1814, marié, le 27 avril 1840, à Victoire-Auguste-Antoinette, fille de Ferdinand, duc de Saxe-Cobourg-Cohary; — FRANÇOIS FERDINAND, prince de Joinville; — HENRI-EUGÈNE-PHILIPPE-LOUIS D'ORLÉANS, duc d'Aumale, né le 16 janvier 1822, marié, le 21 novembre 1844, à Marie-Caroline-Auguste, fille du prince de Salerne. ; — ANTOINE-MARIE-PHILIPPE-LOUIS D'ORLÉANS, duc de Montpensier, marié, en 1846, à la princesse Louise-Fernande; — LOUISE-MARIE-THÉRÈSE-CHARLOTTE-ISABELLE, princesse d'Orléans, née le 3 avril 1812, reine des Belges, morte en 1850 ; — MARIE-CHRISTINE-CAROLINE D'ORLÉANS, née en 1813, mariée, en 1837, au duc Alexandre de Vurtemberg, morte en 1839 ; — MARIE-CLÉMENTINE-CAROLINE-LÉOPOLDINE-CLOTILDE, princesse d'Orléans, née le 3 juin 1817, mariée au prince de Saxe-Cobourh-Gotha.

1830—1857

FRANÇOIS-FERDINAND-PHILIPPE-LOUIS-MARIE D'ORLÉANS.

Prince de Joinville, vice-amiral français, troisième fils de Louis-Philippe II et de Marie-Amélie, né le 14 octobre 1818, marié, le 1er mai 1843, à DONA-FRANÇOISE-CAROLINE-JEANNE-CHARLOTTE-LÉOPOLDINE-ROMAINE-XAVIÈRE DE PAULE MICHELLE DE BRAGANCE, *troisième sœur de l'empereur de Brésil, née le 24 août 1824.*

1830, août. — Confection d'un drapeau tricolore. Il est promené dans toutes les rues de la ville au son du tambour. Une députation se rend à Paris pour y complimenter le roi Louis-Philippe Ier. Organisation des gardes nationales.

1831. — Arrivée de deux pièces de canon venant d'Auxonne. M. Tanret-Kége est appelé au commandement de la garde nationale de Joinville. Ce corps part pour Chaumont, à l'occasion du passage du roi.

— 200 hommes et 300 chevaux du train prennent garnison aux Ursulines.

1832, 10 avril. — Installation du comité cantonal sanitaire.

— 13 juin. — Invasion du choléra. Mesures prises à ce sujet par l'autorité municipale. L'épidémie disparaît le 13 septembre. Le nombre des victimes s'élève à 80.

1833. — Pierre Rozet, né à Joinville en 1796, ancien avocat à la cour de cassation et au conseil du roi, est nommé préfet de l'Aveyron.

1834. — Mort de mademoiselle Haste, native de Joinville. Elle avait donné 40,000 francs affectés à l'établissement des frères de la doctrine chrétienne.

1836. — M. Hû, propriétaire des bâtiments de la Pitié, les cède à M. Larcher.

1837. — Restaurations diverses à l'église Notre-Dame. On remplace par des grilles en fer les balustrades qui séparaient le chœur des chapelles latérales.

1838. — Bombardement et prise de Saint-Jean-d'Uloa (Mexique) par l'amiral Baudin. Le prince de Joinville prend une part active au combat.

1839. — Fondation de la caisse d'épargne, succursale de celle de Vassy.

1840. — François-Ferdinand ramène à Paris les cendres de l'empereur Napoléon Ier et donne, surtout dans cette circonstance, une grande preuve de son dévouement à la patrie.

— 21 septembre. — M. Nicolas Hanin, né à Joinville le 11 octobre 1788, meurt au château de Rouvroy. Il avait été nommé chevalier de la Légion-d'Honneur et président du tribunal de première instance séant à Vassy.

1841. — Les dames de l'Annonciation acquièrent, des mains de M. Larcher, les bâtiments du couvent de la Pitié.

— 30 août. — M. Pernot, artiste peintre, arrive à Joinville, chargé par le roi de placer, aux frais du domaine privé, dans le cimetière de la ville, une pierre tumulaire destinée à protéger les restes mortels des seigneurs qui portèrent le nom de cette ancienne principauté.

Du mausolée de Claude de Lorraine, il restait une magnifique table de marbre retrouvée dans une grange appartenant à M. Jacques Thomas, ancien membre du district, et vendue par sa veuve, en 1837, moyennant 100 francs, à M. Hancenot, notaire, qui l'avait cédée ensuite à la ville pour le même prix.

M. Thomas ayant acheté la maison des capucins où fut déposée cette table lors de la destruction des tombeaux de Saint-Laurent, le conseil municipal lui avait confié ce fragment précieux à la condition de le représenter à la première réquisition et dans un état parfait de conservation.

L'administration municipale s'empresse de faire hommage à M. Pernot de ce mausolée, qu'elle avait eu la pensée d'affecter à la même destination.

— 13 septembre. — Cérémonie d'inauguration.

En présence de M. Haste, maire de Joinville, des autorités locales, des fonctionnaires publics, de la garde nationale réunie sous les armes et des étrangers présents à Joinville, M. Guillaume, deuxième adjoint, fait connaître à ses concitoyens la part que le roi et la ville ont prise à l'érection du monument.

M. Fériel, premier substitut de M. le procureur du roi près le tribunal de Chaumont, rappelle en quelques mots bien sentis les souvenirs que réveille cette tombe, seul fragment des anciens tombeaux de l'église collégiale.

L'orateur rend un hommage mérité aux habitants de Joinville qui, en 1792 comme aujourd'hui, n'ont vu et ne voient dans les anciens princes que les bienfaiteurs du pays (*Annuaire de la Haute-Marne*, 1844.) (1).

1842. — Les religieuses annonciades se fixent au monastère de la Pitié.

1844. — M. Larmet (2), pharmacien, fait don à Notre-Dame

(1) M. Pernot provoqua auprès du roi Louis-Philippe l'érection de ce monument. On doit à cet artiste distingué une notion sur le château de Joinville et sur les tombeaux des princes de la maison de Lorraine.

(2) Il est l'auteur d'un petit manuscrit inédit sur Joinville.

d'une somme de 1,400 fr. destinée à la construction d'un caveau qui doit renfermer le sépulcre de Sainte-Ame.

Déjà, en 1841, M. Larmet avait fait placer, à ses frais, les grilles des chapelles de la Vierge et du Sacré-Cœur. Ces grilles n'ont pas coûté moins de 1,100 francs.

— La lanterne du clocher de l'église paroissiale menaçant ruine, l'administration de la ville ordonne sa démolition.

— 5 juin. — Ouverture de l'ouvroir, à l'hôpital Sainte-Croix.

— Bombardement de Tanger et de Mogador, par le prince de Joinville.

1846, 13 février. — Ferdinand passe à Joinville en compagnie de son frère, le duc de Nemours. La ville leur donne un banquet au château du Grand-Jardin.

1848. — Ce prince quitte la marine française et s'exile volontairement en Angleterre.

— M. le préfet Ollivier pose la première pierre du pont de la République (ou de la Poterne). Construction de ce pont.

— Le gouvernement provisoire interdit à perpétuité le territoire français au roi Louis-Philippe et à sa famille.

1848.—M. Claude-François-Marcel Richier, natif de Joinville, est élu représentant du peuple par le départem^{t} de la Gironde.

1850, 15 novembre.—Louis-Philippe Ier meurt à Claremont, dans le comté de Surrey.

Ce prince descendait, au 6e degré, de Henri IV ; au 17e, de Saint-Louis, et se trouvait le sixième duc de sa branche lors de son avènement au trône des Français.

Comme monarque, il encouragea les lettres, les arts, l'industrie, et donna aux travaux publics, en France, une immense impulsion (1).

---

(1) «L'éducation de ce prince se distingua par une discipline rigoureuse, et son instruction par la variété et la solidité. Les langues vivantes, l'histoire et les sciences exactes y tinrent une grande place. Un système de domes-

De 1837 à 1850, il a été dépensé par les soins de M. le curé, tant en réparations qu'en embellissements à l'église Notre-Dame, une somme supérieure à 60,000 fr.

En mourant, Mlle Haste avait laissé à la fabrique une somme de 20,000 fr., qui, jointe aux dons volontaires de quelques habitants, a beaucoup aidé à l'embellissement dont cette église a été l'objet en 1839.

1852. — Vente des domaines de la famille d'Orléans.

1843. — Le conseil général de la Haute-Marne décide qu'une statue monumentale en bronze sera élevée, par souscription, à la mémoire de Jean, sire de Joinville, dans la cité qui porte son nom. L'exécution en est confiée à M. Lescorné.

1854. — Invasion du choléra. On compte 134 victimes à Joinville seulement.

— Destruction de l'avenue du Petit-Bois, vendue à la compagnie des chemins de fer de l'Est, ainsi qu'une partie des prairies de la ville.

1855, 17 juillet. — Ouverture de la section du chemin de fer, comprise entre Saint-Dizier et Donjeux.

1856, février. — M. de Klopstein, propriétaire à Prez-sur-Marne, et Mlle Pauline de Thosse, sa belle-sœur, cèdent en toute propriété et jouissance, à M. Hyacinthe Salin-Capitain, maître de forges à Abbainville, et moyennant 60,000 fr., l'ancienne maison de plaisance de Claude de Lorraine, premier duc de Guise.

---

tiques parlant chacun une langue étrangère enveloppait le jeune prince et lui faisait entrer chacune de ces langues en l'esprit par le détail des choses usuelles de la vie.

Portraits politiques au 19 juin, Louis-Philippe, 1857,

La main du temps, le changement de maître et la nécessité de transformer en une demeure commode la maison de plaisance d'un baron du XVIe siècle, ont altéré la physionomie extérieure de cet édifice et rendu méconnaissable sa distribution primitive; mais nonobstant la disparition de la chapelle, des clochetons, des cheminées et des lucarnes qui décoraient les combles; malgré la destruction regrettable des vitraux historiés et la mutilation de tout ce qui pouvait présenter un symbole féodal, il reste encore à l'ancienne résidence seigneuriale ce cachet d'élégance, cette originalité gracieuse qui caractérisent les belles constructions d'Anet et de Chambord. (*Notes et documents sur Joinville*, par M. Fériel, 1856.)

1857. — Ouverture d'une salle d'asile à Joinville.

OBSERVATIONS

SUR LA TROISIÈME PARTIE.

A partir de 1789 jusqu'à nos jours, l'histoire de Joinville ne nous offre plus que des faits d'un intérêt purement local. La violation des tombeaux de Saint-Denis, qui souleva depuis une indignation universelle, devait avoir ici ses avant-coureurs. Nous avons rappelé, à la date de 1792, le regrettable décret du directoire, faisant jeter pêle-mêle, dans une fosse creusée secrètement au cimetière cloîtré du château, les restes des princes. Nous avons fait connaître l'indignation générale et spontanée qu'une semblable décision avait soulevée parmi les Joinvillois.

Que diraient aujourd'hui les descendants de ces dictateurs, si l'on faisait subir au mânes de leurs pères un outrage aussi cruellement inutile ?

Les cérémonies réparatrices de 1792 et 1841 ont prouvé que chacun avait compris, comme on le comprend encore aujourd'hui, que les mânes des princes doivent être respectées comme celles des simples citoyens.

Jusqu'en 1814, Joinville vécut tranquille; mais, dans cette année désastreuse, il fut occupé par les alliés. Napoléon Ier chassa l'ennemi de Saint-Dizier. « Vouulant occuper Troyes avant lui et empêcher la jonction des deux armées autrichienne et prussienne, il traversa la forêt du Der, atteignit, le 28 janvier, Montierender, et arriva le 29 à Brienne, d'où il chassa Blucher.

« Après les combats des 20 et 21 février sur l'Aube, il s'était porté, par Saint-Dizier et Joinville, sur Doulevant. Ce mouvement hardi jeta la terreur parmi les coalisés ; se voyant menacés sur leurs derrières, les Autrichiens évacuèrent Chaumont et se retirèrent sur Langres. Les habitants de Joinville eurent la témérité de s'opposer au passage de l'escadron de dragons de la Tour, qui, quinze jours après, voulait rétablir les communications entre Langres et Vitry. Ils les chargèrent et les poursuivirent jusqu'au-delà de Fronville. Plus encore que les villes, les campagnes eurent à souffrir de l'invasion. Aussi les habitants étaient-ils exaspérés. Réfugiés dans les bois, ils ne craignaient pas d'attaquer les corps isolés et les convois ; armés de fusils et de fourches, ils se jetèrent sur les Cosaques et en tuèrent un grand nombre. » (*La France illustrée*, par V.-A. Malte-Brun.)

JOINVILLE EN 1857.

ADMINISTRATIONS DIVERSES.

Le canton de Joinville est traversé par deux routes impériales qui ont leur point de rencontre à Joinville même : la route n° 60, de Nancy à Orléans, et celle de Saint-Dizier à Lauzanne, n° 67. Une partie de la route départementale n° 4, de Brienne à Joinville, se trouve comprise entre le village de Nomécourt et l'extrémité ouest du territoire de Guindrecourt-aux-Ormes.

De 1841 à 1851, Joinville a été la résidence d'un ingénieur ordinaire des ponts-et-chaussées, M. Henriot, aujourd'hui ingénieur en chef du département. C'est sous sa direction qu'ont été reconstruits, en 1848 et 1849, le pont de la Poterne, sur le canal du moulin, et celui du Rongeant, entre la ville et Thonnance. Les successeurs de M. Henriot ont été, à Joinville, M. Decomble, détaché en ce moment à la compagnie de l'Est, et M. Foulard, chargé maintenant de la plantation des quais de Paris.

Les communes dont le canton est composé sont : Autigny-le-Grand, Autigny-le-Petit, Blécourt, Chatonrupt, Ferrières et La Folie, Fronville, Guindrecourt aux-Ormes, Mâthons, Nomécourt, Rupt, Sommermont, Suzannecourt, Thonnance-les-Joinville et Vecqueville.

Joinville est bâtie en amphithéâtre sur le penchant d'une haute colline baignée par les eaux de la Marne, qui serpente dans une riante et fertile vallée. Centre topographique de l'arrondissement, sa situation sur le bord d'une rivière importante et à l'intersection des routes de Nancy à Orléans et de Saint-Dizier à Chaumont, en fait le siége d'un commerce d'autant plus considérable qu'elle est aussi le centre des usines métallurgiques qui fabriquent le quinzième des fontes et le vingtième des fers de la France entière. Le chemin de fer de Blesme et Saint-Dizier à Gray, qui y passe, ne peut que donner, dans un avenir prochain, une grande extension à ce commerce.

Il y a à Joinville station de dépôt de remonte de Montierender, chambre consultative des arts et manufactures, comice agricole, banques, au nombre de trois; commission de statistique, d'hygiène, bureaux de bienfaisance, etc.

POPULATION.

La population de notre cité s'élève à 3,404 habitants, dont 785 garçons, 502 hommes mariés, avec enfants; 214 hommes mariés, sans enfants; 29 hommes veufs, avec enfants; 59 hommes veufs, sans enfants; 927 filles, 510 femmes mariées, avec enfants; 209 femmes mariées, sans enfants; 70 femmes veuves, avec enfants; et 99 femmes veuves, sans enfants.

BUDGETS.

BUDGET DE LA VILLE (1856).

Résumé —	Recettes ordinaires et extraordin.	22,391 fr.	»
	Dépenses — —	21,334	»
	Excédant........	1,057	»

BUDGET DU BUREAU DE BIENFAISANCE.

Montant de la recette présumée...........	1,749 fr. »
— dépense —	1,692 60
Excédant........	56 40

MAISONS.

N'ayant qu'un rez-de-chaussée, 228 ; rez-de-chaussée et un étage, 547 ; rez-de-chaussée et deux étages, 48. Total, 823.

IMMEUBLES.

Récapitulation des contenances et des revenus imposables.

Terres, jardins, chenevières, vignes, prés, vergers, plants, bois, bois-futaies, cerisaies, pépinières, sentiers, murgers, chemins, réservoirs, parcs à mine, friches, sol des propriétés bâties.

Contenances.	Revenus.
1,824 hectares 28 ares 44 centiares......	44,515 f. 05
823 maisons, 2 fournaux, 2 bocards, 1 moulin et autres propriétés bâties..........	68,756 »
Total des revenus imposables.....	113,271 05

OBJETS NON IMPOSABLES.

Églises et cimetières, chemins et places publiques, rivières et ruisseaux, maisons d'écoles, hospices et dépendances, fontaines. Total, 1,894 hectares 10 ares 13 centiares.

Le sol est bien cultivé ; il produit du blé et du vin, des légumes et des fruits.

Les bois des environs renferment particulièrement le chêne, le charme, le bouleau et le tremble. On y rencontre aussi des plantes aromatiques et médicinales.

Le territoire fournit également des carrières d'où l'on extrait cette pierre à bâtir qui a donné à notre cité, aux premiers temps de son existence, le surnom de *Roche-Blanche*.

ÉCOLES.

Outre le collége, on compte à Joinville trois écoles primaires communales pour les garçons : 1° l'enseignement mutuel gratuit, dirigé par M. Hanin; 2° l'école gratuite, tenue par les frères de la Doctrine-Chrétienne; 3° et l'école primaire libre, dirigée par M. Brunel. Deux écoles pour les filles : l'une, dirigée par des sœurs Ursulines, de la maison de Troyes; l'autre, établie à l'hospice Sainte-Croix et confiée aux soins de trois sœurs de cet établissement de charité.

Le pensionnat de Mlle Cordier compte 50 élèves. Trois sous-maîtresses y sont attachées.

La salle d'asile a pour directrice Mlle Décoré.

ÉDIFICES.

1° L'église de Notre-Dame, 2° l'hôpital Sainte-Croix, 3° le couvent de Notre-Dame-de-la-Pitié, 4° le cimetière, 5° l'Hôtel-de-Ville, 6° le collége.

NOTRE-DAME.

On ne sait rien sur l'origine de ce monument, le plus ancien de Joinville. Quelques personnes le font remonter jusqu'à Jovin; d'autres attribuent sa fondation à Thibault-le-Grand, comte de Champagne.

Comme celui de toutes les églises chrétiennes, le chevet de Notre-Dame est tourné vers l'Orient et regarde la ville. Une flèche, surmontée d'une lanterne octogone et d'une croix magnifique, terminait autrefois l'édifice; mais, en 1844, l'administration se vit dans l'obligation de couper cette flèche à sa naissance; les solives étant vermoulues, une ruine paraissait imminente.

Le vaisseau de l'église se divise en trois nefs aboutissant à des autels et se terminant carrément. On y descend par un escalier semi-circulaire de douze marches (1).

Personnel du clergé de Notre-Dame.

M. Maréchal, curé.
MM. Desmot et Didier, vicaires.

HOPITAL SAINTE-CROIX.

On doit sa fondation à Antoinette de Bourbon et à son fils le cardinal Charles de Lorraine. Cet établissement est vaste et bien bâti ; il jouit de revenus dont le chiffre surpasse la somme exigée chaque année par l'entretien et le soulagement des malades. La grande salle, qui se termine par une chapelle, contient 31 lits. Deux autres salles sont contiguës; l'une d'elles, destinée aux militaires, contient 22 lits. On en compte 4 dans une pièce qui sert de prison aux détenus malades.

L'enfance, comme la vieillesse, trouve également des soins à Sainte-Croix. Les jeunes filles pauvres y sont instruites gratuitement dans un local construit en 1816 (2).

---

(1) M. Fériel.

(2) M. Fériel.

Commission administrative de l'hospice.

M. Tanret ✻, maire, président.

MM. Leloup, juge de paix; Pincemaille, notaire; Thasserd-Haste, rentier; Ragon-Baudoux, rentier; Guillaume, docteur-médecin.

Service sanitaire.

MM. Banzolini, docteur-médecin; Royer, chirurgien.

M. Frédéric Gillet, receveur-économe.

M. l'abbé Gauthier, aumônier.

Onze sœurs de l'ordre de Saint-Charles-Boromée de Nancy. Mlle Catherine Bailli, supérieure. Une sœur attachée à la salle des malades civils, une à la salle des militaires, une aux garçons orphelins, une aux filles orphelines, une à la salle des vieillards, trois aux écoles des jeunes filles, une à la pharmacie, une à la cuisine.

LA PITIÉ.

Construit en 1530, à l'extrémité du faubourg Saint-Jacques, brûlé par le feu du ciel en 1756, complètement rétabli en 1773, vendu ensuite comme bien national, mutilé et défiguré sans être anéanti, ce couvent s'est rouvert en 1842 à des religieuses de l'Annonciade-Céleste, qui, de Saint-Denis, où les travaux stratégiques avaient envahi leur demeure, sont venues chercher un refuge dans le diocèse de Langres (1).

Le monastère de la Pitié, dont les bâtiments ont été agrandis en 1854, renferme 28 sœurs et 2 filles de peine. M. l'abbé Mailfert est l'aumônier de cette maison. M. Collot en est le médecin.

---

(1) M. Fériel.

LE CIMETIÈRE.

Le cimetière de Joinville est situé en face de l'hôpital Sainte-Croix. Une rue étroite et obscure conduit à la porte d'entrée.

A droite et au milieu des monuments funéraires qui peuplent cette enceinte, s'élève une chapelle à verrières émaillées, construite en 1502 par dame Guillemette Perrault, veuve d'Allichamp, et vendue en 1792 à la famille Hanin, qui le possède encore aujourd'hui (1).

Nous présumons que le cimetière existait déjà lors de cette fondation. Autrefois, le champ du repos s'étendait sur toute la longueur qui limite la place du marché, entre l'église Notre-Dame et les halles de la ville.

Un peu au levant de la chapelle Sainte-Anne, on remarque une table de marbre noir élevée sur des pilastres ornés. L'écusson de Joinville et de Guise, debout derrière le monument, indique le lieu où reposent, après tant de vicissitudes, les ossements séculaires des bienfaiteurs du pays.

HOTEL-DE-VILLE.

Le 28 février 1777, Antoine-Didier Leclerc, écuyer, chevalier de l'ordre royal et militaire de Saint-Louis, ancien capitaine d'infanterie au régiment de Touraine, vendit à l'administration de Joinville, moyennant 11,000 francs, rue Saulnoise, une maison dont on a fait l'Hôtel-de-Ville actuel.

Au rez-de-chaussée se trouvent le logement du concierge, composé de deux pièces, dont l'une sert de cuisine, et les bureaux de la caisse d'épargnes. Au premier étage, nous remarquons la salle des audiences de M. le juge de paix, celle du greffier, dans la-

(1) M. Fériel.

quelle sont appendus un plan de l'église et des halles de Joinville, et le tableau de cette cité peint sur toile, en 1639 ; les bureaux civil et militaire, le cabinet de M. le maire, et enfin la salle des délibérations du conseil municipal. Dans celle-ci se trouvent : un portrait de Henri de Guise dit le Balafré, deux des quatre cariatides qui soutenaient autrefois l'entablement sur lequel les statues de Claude de Lorraine et d'Antoinette de Bourbon étaient agenouillées. En brisant, dans la main de la Justice, l'antique balance des Romains, pour ne lui laisser qu'une épée, on l'avait baptisée du nom de Liberté (1792). On avait donné le nom d'Égalité à la Tempérance, après lui avoir enlevé sa coupe et son urne.

La salle du conseil renferme, en outre, des boiseries venant du chœur de l'église Saint-Laurent, et une tapisserie provenant également du château fort.

Le logement de M. le commissaire de police et la bibliothèque font partie d'une aile qui se détache du bâtiment principal et donne sur une cour intérieure. Celle-ci domine les jardins et la rue des Fossés, limite des anciennes fortifications de Joinville.

Composition du conseil municipal.

M. Tanret-Kége, chevalier de l'ordre impérial de la Légion-d'Honneur, président du conseil.

MM. Alexandre-Émile Collot et Félix Collin, propriétaire, adjoints.

Membres.

MM. André Ancenot, propriétaire ; Jean-Baptiste-César Maranger, médecin-vétérinaire ; François Gauthois, propriétaire ; Jean-Baptiste Paturet, docteur en médecine ; Charles-Louis Lequin, commissionnaire de roulage ; Edouard Pincemaille, notaire ; Claude Logerot ✠, officier en retraite ; Jean-Baptiste-

Auguste Guillaume, docteur en médecine; Edouard Gillet, arpenteur géomètre; François-Victor Périn, docteur en médecine; François Henrion, notaire; Adolphe Antoine, pharmacien; Charles-Napoléon Houlot, rentier; Nicolas Leloup, juge de paix; Jean-Baptiste Larcher-Singeat, jardinier; Jean-Jacques Chabert, rentier; François Thomassin, négociant; Étienne Maillard, négociant; Nicolas Clément, rentier; Charles Leloup, négociant.

MM. Guillaumain, secrétaire de la mairie; Hébert, percepteur, receveur municipal.

La caisse d'épargnes est une succursale de celle de l'arrondissement.

Les bureaux de la mairie sont ouverts tous les jours, de neuf heures du matin à midi, et de deux heures à cinq heures du soir. Ceux de la caisse d'épargnes le sont le mardi de chaque semaine, de neuf heures du matin à midi.

La bibliothèque de Joinville, déjà considérable, est confiée aux soins de M. le docteur Périn.

COLLÉGE.

Les bâtiments du collége de Joinville servaient autrefois de casernes. Nous avons vu que Pierre Decombes, doyen de Saint-Laurent, fit, en 1544, abandon de la maison qui lui appartenait près du moulin, pour y établir des classes.

Henri de Guise, quelque temps après, institua deux régents. Il y avait déjà deux maîtres qui enseignaient, l'un la langue latine, l'autre simplement la lecture et l'écriture.

Transformé en caserne (1782), puis rendu à sa destination première (1829), ce pensionnat a pris beaucoup d'extension.

Il y a un ministre protestant à Joinville.

Depuis 1851, le culte évangélique s'y célèbre tous les dimanches, le matin à 10 heures et le soir à une heure et demie, dans un local servant provisoirement de temple, rue du Grand-Pont. C'est aussi la demeure de M. Prunier, ministre.

La communauté israélite de notre ville dépend de la circonscription du rabbin d'Épinal. Celui-ci délègue un commissaire administrateur dans chaque localité qui possède une synagogue.

La population israélite est de 70 âmes. Le temple où se célèbre le culte est situé impasse des Capucins. Le samedi est le jour consacré au repos; néanmoins la fête du sabbat commence le vendredi au coucher du soleil et se termine le samedi à la même heure.

L'ancien Auditoire de Joinville a été acheté par M. Armand, percepteur des contributions directes, lors de la vente des bois de la famille d'Orléans. Le Gouvernement loue ce bâtiment, où sont les prisons, une somme annuelle de 300 fr.

Sur la réclamation faite par le conseil municipal, la jouissance du Petit-Bois a été maintenue à Joinville par l'empereur Napoléon III, vers cette même époque.

LISTE

DES NOTABILITÉS QUI ONT REPRÉSENTÉ OU ADMINISTRÉ JOINVILLE DE 1790 A 1857.

Directoire du district.

1790.	1792.
MM. Pierre Rozet.	MM. Claude Guillaume.
Pierre-Jacques Boulland.	Jean-Baptiste Finot.
Mathieu Mallebranche.	Nicolas-François Périn.
Étienne Bourgoin.	Nicolas Guinoiseau.

Conseil municipal en 1792.

Officiers municipaux : MM. Petitjean, Cornet, Regnier Patot, Leroy, Jacques, Colin-Lérigney, Fischer.

Notables : MM. Maulbon, procureur de la commune ; Royer, Ferron, Dessey, Ledeschault, Mailfert, Caillette, Guillemin, Voivré, Dosnes, Laurent, Gillet, Ballet, Baudot, Ragon, Larcher aîné et Ginot.

Maires de 1790 à 1857.

MM. Petitjean (François), Laurent, médecin ; Louis Royer, Augustin Cornet, Louis Royer ✠, Georges Haste-Roquemont ✠. François-Victor Périn, Hancenot, ex-notaire; François Tanret ✠,

Juges de paix.

MM. Étienne Bourgoin, Henry-Aignan Gillet, Nicolas Leloup.

Curés.

MM. François-Antoine Petitjean, François-Thomas Bluget, Charles-Antoine Millière, Pierre-Louis Maréchal.

RÉSUMÉ CHRONOLOGIQUE.

MAISON DE JOINVILLE.

	Marié à	Né en	Mort en	pages
ÉTIENNE DE VAUX, 1er sire connu de Joinville,	N..., sœur d'Engelbert, comte de Brienne,	»	1059	7
GEOFFROY Ier,	BLANCHE DE MOSELLANE,	»	1081	8
GEOFFROY II,	HODIERNE DE COURTENAY,	»	1096	9
ROGER DE JOINVILLE,	ADÉLAÏDE DE VIGNORY,	»	1130	10
GEOFFROY III, dit LE GROS,	FÉLICITÉ DE BRIGNNG,	»	1184	11
GEOFFROY IV, dit LE JEUNE,	HELVIDE DE DAMPIERRE,	»	1198	13
GEOFFROY V, dit LE TROUILLARD	....	»	1204	15
SIMON DE JOINVILLE,	HEMMANGARDE DE MONTÉCLAIR, BÉATRIX DE BOURGOGNE,	»	1237	16
JEAN DE JOINVILLE,	ALIX DE GRANDPRÉ, ALIX DE REINEL,	1224	1319	19
ANSELME DE JOINVILLE,	LAURE DE SARREBRUCH, MARGUERITE DE VAUDEMONT,	»	1349	22
HENRI DE JOINVILLE,	MARIE DE LUXEMBOURG,	»	1386	25
MARGUERITE DE JOINVILLE,	JEAN DE BOURGOGNE, PIERRE DE GENÈVE,	»	1393	28

MAISON DE LORRAINE.

	Marié à	Né en	Mort en	Pages
FERRI Ier DE LORRAINE,	MARGUERITE DE JOINVILLE,	1365	1415	41
ANTOINE DE LORRAINE, dit LE MAUVAIS,	MARIE D'HARCOURT,	»	1447	42
FERRI II,	YOLANDE D'ANJOU,	»	1472	44
RÉNÉ,	JEANNE D'HARCOURT-TANCARVILLE, PHILIPPE DE GUELDRES,	1451	1508	46
CLAUDE DE LORRAINE, 1er duc de Guise,	ANTOINETTE DE BOURBON,	1496	1550	50
FRANÇOIS DE GUISE, 1er prince de Joinville,	HENRIETTE-ANNE D'ESTE,	1519	1563	58
HENRI Ier, dit LE BALAFRÉ,	CATHERINE DE CLÈVES,	1550	1588	67
CHARLES DE GUISE,	HENRIETTE-CATHERINE DE JOYEUSE,	1571	1640	77
HENRI II,	HONORÉE DE BERGES,	1614	1646	83
HENRIETTE-CATHERINE DE JOYEUSE,	CHARLES DE GUISE,	1585	1654	88
LOUIS DE LORRAINE,	FRANÇOISE-MARIE DE VALOIS,	1622	1654	90
LOUIS-JOSEPH DE LORRAINE,	ÉLISABETH D'ORLÉANS,	1650	1671	91
FRANÇOIS-JOSEPH DE LORRAINE,	....	1670	1675	93
MARIE DE LORRAINE, dite Mlle DE GUISE,	....	1615	1688	94

MAISON D'ORLÉANS.

	Marié à	Né en	Mort en	Pages
ANNE-MARIE-LOUISE D'ORLÉANS, dite Mlle DE MONTPENSIER ou LA GRANDE-DEMOISELLE,	*(non mariée)*,	1627	1693	101
PHILIPPE DE FRANCE,	HENRIETTE D'ANGLETERRE, ÉLISABETH-CHARLOTTE DE BAVIÈRE,	1640	1701	103
PHILIPPE II D'ORLÉANS,	FRANÇOISE-MARIE DE BOURBON,	1674	1723	105
LOUIS Ier D'ORLÉANS,	AUGUSTE-MARIE DE BADE,	1703	1752	108
LOUIS-PHILIPPE D'ORLÉANS,	LOUISE-HENRIETTE DE BOURBON-COMTI,	1725	1785	110
LOUIS-PHILIPPE-JOSEPH D'ORLÉANS,	LOUISE-ADÉLAÏDE DE BOURBON-PENTHIÈVRE	1747	1793	114
LOUIS-PHILIPPE II D'ORLÉANS, ou LOUIS-PHILIPPE Ier, roi des Français,	MARIE-AMÉLIE,	1773	1850	124
FRANÇOIS-FERDINAND-PHILIPPE-LOUIS-MARIE D'ORLÉANS,	Dona FRANÇOISE-CAROLINE-JEANNE-CHARLOTTE-LÉOPOLDINE-ROMAINE-XAVIÈRE DE PAULE MICHELLE DE BRAGANCE,	1818		133

DOCUMENTS DIVERS.

11

CHARTRE DU ROI ROBERT.

(1027.)

Au nom du Seigneur Dieu et de notre Sauveur Jésus-Christ, par l'ordre de la divine Providence, Nous, Robert, roi, si nous prêtons l'oreille aux justes et raisonnables demandes des serviteurs de Dieu, nous espérons sans doute en obtenir l'éternelle récompense du Seigneur. C'est pourquoi nous voulons faire connaître à tous les fidèles de la sainte Église de Dieu, tant présents qu'à venir, que Dudon, vénérable abbé, et les autres frères du monastère, appelé *Putiolus*, qui est construit dans le Der, en l'honneur des bienheureux apôtres Pierre et Paul et de saint Berchaire (qui a reconstruit ce monastère dans l'endroit où reposent maintenant le corps de ce glorieux martyr et celui de sainte Théodosie), sont venus en notre présence et nous ont exposé humblement les causes de leurs démarches, faisant réclamation de sept églises enlevées audit monastère, savoir : Ragecourt, Vaux, Fays, Trémilly, Ville-sur-Terre, Saint-Christophe et Landricourt, dont un certain chevalier, Étienne de Junciville, s'était emparé de vive force dans le temps.

Accueillant favorablement la demande de ce clément abbé, nous l'exposons à l'illustre assemblée de nos fidèles, savoir : des archevêques, abbés, moines, clercs, comtes, et d'une foule d'autres qui étaient venus pour assister à la bénédiction future de notre fils Henri, dans le saint jour de la Pentecôte.

Donc la sainte assemblée des évêques et l'aimable foule de nos grands seigneurs jugeant convenable d'accueillir la demande de cet homme religieux, tant pour le salut de notre âme que pour l'état de la sainte Église de Dieu, à qui il paraissait utile que ledit chevalier, qui s'était emparé de chóses appartenant à l'Église de Dieu, fut éloigné, et présentement nous ne pouvons rendre d'autre justice que de le déclarer frappé d'anathême, auquel décret, volontairement rendu, nous donnons volontiers notre assentiment; nous avons seulement suggéré audit abbé qu'il s'abs tînt de cela dans ce jour de Dieu, disant qu'il n'est pas de notre volonté de maudire quelqu'un le jour que nous avions fixé pour bénir notre fils. Mais, le jour suivant, ledit abbé re nouvelant sa déclaration en notre présence et affirmant qu'il avait déjà fait inutilement la même chose dans plusieurs lieux, nous ordonnons sous préjudice, à la foule des évêques qui étaient en présence des princes, de condamner à la malédiction éternelle le chevalier dont il vient d'être parlé, à moins qu'il ne rendit. Ce qui est fait, avec l'autorité de Dieu, le Père tout puissant, de sainte Marie, mère de Dieu, et de saint Pierre et saint Paul, de tous les apôtres et de tous les élus de Dieu, nous excommunions et frappons de toute espèce de malédiction ledit chevalier Étienne, qui a usurpé la chose des saints apôtres Pierre et Paul et de saint Berchaire, martyr; à moins qu'il rende ce dont il s'est emparé et ne donne pleine satisfaction. Nous, de même que les autres, fortifiant le lien de cet anathême, ordonnons qu'il soit en vigueur jusqu'à complète satisfaction, et que les choses faites soient écrites et signées des pontifes et des princes par le jugement desquels elles ont été faites.

CHARTRE DE DUDON.

(1030.)

Nous voulons faire connaître à tous les fidèles en Christ, que nous, Dudon, abbé du Der, quoiqu'indique, nous sommes occupé de faire le registre du territoire de Blaise, qui est sous la protection des saints apôtres Pierre et Paul, et du vénérable martyr en Christ Berchaire, avons également préposé à sa défense et à sa garde contre les ennemis, Étienne de Joinville. C'est pourquoi, Engelbert, comte de Brienne, ayant une sœur qui n'était point encore mariée, et désirant la donner à un homme courageux et puissant, il choisit ledit Étienne, l'unissant à lui par le lien du mariage. Par cette raison, le même Étienne, désirant ardemment en obtenir quelque chose qui lui fût profitable (comme d'un tel et si grand seigneur), demanda et obtint ce léger avantage de l'avouerie de la contrée de Blaise, qui avait été confiée au comte Engelbert, susnommé, parce qu'à la vérité cette avouerie lui rapportait peu. Il vint à nous, promettant à Dieu, à saint Pierre et à nous, en présence de nos frères et de beaucoup d'autres, qu'il défendrait mieux à l'avenir notre terre, si nous lui concédions gratuitement quelque chose. Confiant dans ses promesses, nous lui accordons, par an, des choses qui appartiennent à la même avouerie, 40 béliers et pareil nombre de truies, 6 repas, et des charriots destinés à transporter des pieux et des fascines pour l'ouvrage de son château ; de telle manière que, partant le matin, ils revinssent le soir. Nous lui concédons aussi des ouvriers à la convenance de ses hommes et des nôtres. Cependant, nous lui avons enjoint toutes ces choses en cette teneur, qu'il n'acceptât, là, rien autre, et que s'il s'en écartait en quelque chose, ni lui, ni ses héritiers, n'y auraient plus aucun pouvoir.

Scell de Dudon, abbé; de Milon, moine de Vuandelger; d'Engelbert, comte; de Vuidon, comte; de Richer, de Tescelin et d'Engebert (1).

---

(1) Traduit du 1er cartulaire de l'abbaye de Montierender, folio 35, verso . — Extraite des archives de la Haute-Marne.

COPIE DE LA CHARTRE

octroyée, en 1258, aux habitants de Joinville, et tirée du grand cartulaire de Jean, sire de Joinville, folio 72, verso.

DE LA FRANCHISI DE CEL DE JOINVILLE.

In nomine Patris et Filii et Spiritus Sancti, amen.

NOUS, maire et echevins et toute la commune de Joinville, foisons connaissant à tous cel qui sont et qui avenir sont, qui ces présentes lettres verrons et orront, que messire Jehans, sire de Joinville et sénéchauz de Champaigne, nous a quitté et franchi par cette condition, que il est contenu en cette présante chartre, de toutes cottes et de toutes tailles ; et tous cel qui vorront venir à Joinville et qui se voldront mettre en notre jurée, fors les hommes de cors et de hors la ville, se ainsi n'était qu'ils venissent à Joinville par mariage, les hommes que il ne porroit ou voldroit retenir, nous ne les pourriens retenir en notre jurée, et si nous reteniens en la ville aucun homme cui voisit donner congié, il le conduiroit jusqu'a un des chatiaus voisins, quelque il voldroit, en bonne foy, à l'aide de la ville, se cil homme n'était arrêté de malvais cas, nous ne puet retenir en la ville, ne ly sire ne autres juges ne pastourres a monte, et li eschevins et li homme aubains qui venus sont à Joinville à eschief, et qui voldront venir à eschief, se justicierons par le mayeur, et les echevins et li sires de Joinville aura les eschiefs et les amendes, et les hoir qui demorront à Joinville, ou se mariront en la ville, seront en notre jurée quand il vainront en aige ; et si aucun se départait de Joinville por aller desous autre seignor, ne il foisoit autre seignor qui contre seignor de Joinville le voisit défendre, il auroit perdu tout ce qu'il auroit et avoir devroit à Joinville, et en la chatellerie, et en toute l'autre terre, monseignor et en ses fiefs et en ses gardes, et en quoique escheoir ly puet de par sa mère et de par ses frères, et li demorrois sans réclamer de luy ne d'autre ; et ly hoirs de forrains qui vinroit en notre jurée, et il s'en volait raller, li cors et li muebles n'auroit garde de monseignor, ne son commandement, ains le conduiroit mes sires entre lui et la ville, de bonne foy, jusqu'à des chatiaus voisins, là où li hoir voldroit, se fait ne la comboit et li héritages qu'il auroit en ces leus devant de et à Joinville demorroit monseignor sans contredit de lui ni d'autrui. Et par cette franchise, sommes nous tenus par notre sairemant, à rendre chacun an, à monseignor de Joinville, ou à ses hoirs, chacun de nous six deniers par chacune livre, de toutte notre mueble, et douze deniers (1) par la vaillance de chacune livre, de tous nos héritaiges, fors que des armeures por nos cors et fors que daisement d'ostel por nos cors, et est à savoir que li vaisel en que on met vin et tout l'aisement d'or et d'argent, seroit prisié chascun an avec les autres muebles ; et nous eslirons sei preudommes entre nous chacun an, quinze jors avant la Tous Sains, por être eschevins, et les présenterons devant monsegnor de Joinville ou devant son commandement quand ils seront esleu, et il ou ses commandements eslirons un de ses eschevins por faire majour, et se messires de Joinville ou les

(1) La chartre d'Anselme dit deux deniers.

commandemans n'avoient esleu uu majour des ses eschevins, de dans la quinzaine après la Tous Sains, les ses eschevins esliroient l'un d'eux por être majour, sans émoison, et seroit estably por l'année, et ce nos descendiens de dans la quinzaine après la Tous Sains, de eslire les eschevins ou de tous ou d'aucuns, li sire de Joinville ou les commandemans les esliroit et mettroit en mettier, et cil ses jugeront sors saireman, que il la droiture au segnor, et cel de la ville garderont et gouverneront en bone foy; et se il ploisoit le segnor de Joinville et à la ville que li maires et li eschevins ou aucuns d'eux fust profitaubles en mettier, il demorroit l'autre année et renovelleroit son sairement. La plainte de la ville venra en la main du majour, et li maires ne porra faire jugement sans trois eschevins, et la justice de ces de la jurée et des eschevins, sera eu la main du majour et des eschevins, fors de ces qui descroiront à perdre ou vie ou mambre, et au jugement de ces qui seront encolpés de tel fait, se mettra li sire de Joinville ou fera mettre ses chevalliers avec li moujour et les eschevins, et si li sires de Joinville ou cil qui sera esleu de luy, en sa terre voldra, et un d'eux sera avec les six chevalliers et le majour et les eschevins au jugement. Les amandes seront au segnor de Joinville et à ses hoirs, et li maires et li eschevins conteront à luy et à ses commandemans, hoit jors après la requeste bien et loyaument, et se il ne savoit que demander au majour et os eschevins de dans les hoit jors qu'il auroient conté à luy, et il seroit quitte dain qui en avant dou conte qu'il auroient fait à luy ou à son commandement, et li maires et eschevins enverront, chacun an, la jurée pardevant le commandement dou seignor de Joinville, et sera payée la jurée par sairement, et ce li maires et li sis eschevins, ou partie dou jusqu'a trois et cil qui sera en leu dou segnor, ains que présents avoient, por sospecenons, aucuns de cex qui rendront la jurée, il y porveroit à Creste, et faire payer à celui qui pou aurait juré selon loz bon consciences, sauf ce que cil qui aura juré, n'en fera point d'amende, et cil qui sera por le segnor à ruvoir la jurée, fera sairement avec li maires et li eschevins, et recevra les deniers de la jurée por le majour et li eschevins, et seront payé à Joinville le jor de la Saint-Andreu (1). Et nous avons repris de luy nos héritages, dont nous ne deviens nules coustumes por coustumes vendans, en cette manière, de l'arpent dou jardin, ou dou meize, une geline; et de douze fouées de prez, une geline; de l'arpent de vigne, dix et neuf deniers et une geline; des terres de la vallée dou finage de Joinville et de Rus, dou finage de Tonance et de Vecqueville, la troisième gerbe en la moisson de chacque maison qui était franche devant ce que la jurée fust faite, une geline, et les choses qui étaient franches devant la jurée, seront esclaircies es dittes lettres que nous aurons dou segnor de Joinville, et li issouaires dou bois et les terres qui devront la trantoisième ausy, et abatra ou de la jurée, la valour de ce qu'elles sont asservies, des maisons et de tous autres héritages qui devront cens à Joinville, et au finage nous rendront coutumes de char ou de blef, à la valour du cens qui sera au segnor, nous povrons vendre et acheter li uns à l'autre nos héritages, sauf nos coustumes et les droîtures dou seignor de Joinville, et les lods et les ventes qui sont telx dou vendours, douze deniers, et de l'achetour, douze deniers. Li sires de Joinville ne povra retenir por luy ne por ses sergens, ne por autruy, ces marchiés que li plus prochain hoirs qui sera hous, sera aussy comme cil de Joinville, ny reving ne se il veu dedans vint et un ans, parmi l'amendement et les missions de l'éretage vendant suffisament, et puisque les marchiés sera offert à cheoir, il lui convenra por ou quitter dedans quarante jors après quiconque achat, les coustumes qui sont mises

(1) Le 30 novembre.

novelles sur les héritages seront poyez le dimoinge après Pasques, et qui ne porera douze deniers d'amende et se gagera ou sur le leu, et se li sires de Joinville voloit amender la ville ou sa forteresse de Joinville, ou faire aucune aisance en la ville ou à son préat, et il y eut aucun héritage douquel il voloit rendre rainable, échange audit dou mayeur et des eschevins, il le porroit faire après que il auroit vendu l'échainge, ainsi com il est devant devisé ; nous devons user usines dou segnor ainsy com nous avons usé devant la jurée, c'est à sçavoir as fors, as molains, as falons, as presseures, et autres usines s'il en feroit, ne enquestoit nule en la ville ou en finage, ne li maires, ne li échevins, ne li prevots de la ville, ne sergens qui sont de lôtel dou segnor de Joinville, ne povront retenir usine sans com ils seront en mettier. Cil de Joinville qui vodra servir au besoin le segnor à cheval et haube et par son cors, ne poiera point de jurée de la valour dou cheval, dou haubert, et li en porra tout tenir de franc en cet point com il vorra por les enfans et por les sergens, et lui les autres hommes seront armés suffisamment et monteront leurs armeures deux fois l'an, cel qui panra armeures en gage paiera douze deniers d'amendes et perdra son près. Tuit le cheval de Joinville et les charrettes sont francs de toute prise et de toute croce dou segnor de Joinville et de son commandement, sauf ce que il vian as ouvrer por la forteresse dou chastel ou de la ville, nous li devrons livrer une charrette à dobliau cheval, un jor à la semaine, toutes cel fois que il feroit ouvrer en la forteresse, et les devont livrer du commun de la ville. Et se nous avions à menir aucunes pierres en yver et elle n'étoit mise œuvre en l'été, après nous ne chaririens aucune tans quelle seroit mise en œuvre, et tans com on overroit en la forteresse de la ville et dou chatel, ons chariroit ains com il est devisé, ne li sires de Joinville, ne ses commandemens, ne povront demander croces de charries en la ville, sauf ce que il avoit mettier de chevans ou de charrettes; il sera requis au majour qu'il les fasse avoir à loer, et il les fera avoir là où ont les trouvera en la ville, en gens de notre justice et sera poier li louier des deniers de la jurée, ou des amandes, ou des autres rentes dou segnor, et ce il mes avoit dou cheval ou la besogne dou segnor, il seroit randu aux regards dou majour et des échevins, des deniers de la jurée, ou des amandes et de ces louiers por des charrettes et des autres fait. Li maires et li échevins, por lor sairement, chargeront aussy le riche que le povre, à l'avenant que chacun devoit. Chacun de celle de la jurée qui est vaillant une livre, tenra en son hotel, une arbaleste et xl quarriaux, et se il nes avaient dedans les 40 jors, que li sires et les commandemens les en auroit requis cil qui en défaut auroient paierait deux soulz d'amandes, et seroit tenu à avoir après les xl jors, l'arbalestre et le L quarriaux, et sancuns de ces jurée étoit cheu en plait ou en guerre, ou en escommuniement por le droit de la ville, li maires, et lis échevins, qui après vinroient en la jurée, l'on aideroit à ôter et à dédommager jusques à droit, et poieroient le fait sur aus. Et si li maires et li échevins faisoit aucune mise por la ville cette année, qu'il tanroit la segnorie, dont il convenoit à faire taille en la ville, li maires et li échevins en conteroient par devant le segnor de Joinville, et par devant son commandement, et conviendroit qu'il en délivrassient la ville de cette année, à ce que les en faudroit. Li sires ou ses commandemens légiteriens et en feroient délivrer le viés majour et les viés échevins ou nouviaux qui viendroient, ne nos ne porrions faire taille, ne estaublissement novel, se par le segnor de Joinville non, et se aucun de la jurée étoit pris et arrêtés por la dète dou segnor de Joinville ou por la plégerie, li sires l'en délivreroit os sus en luy et touttes ces choses, et se il étoit pris por autre choses, il l'oidroit à délivrer en bonne foy, et se aucun de la jurée se ploinoit au segnor de Joinville ou à son commandement, ne à autre justice de chose qui appartient à laie justice, sans que li maires et li échevins ly eussent défailly de droit, il poyeroit cin soulz d'amandes, et seroient li di cins soulz au majour et aux échevins. Et se aucun jugement étoit fait par boiche de majour et des échevins, il ne porroit être rapellés par le segnor de Joinville, ne par son commandement fors que dedans les quarante jors que cil cui on auroit fors jugé, se seroit plains au segnor ou à ses commandements, et li sires de Joinville ou son commandement porroit rappeller le faus jugement aussy dans les xl jors que li jugement seroit dit et randus, et se il étoit rapellé dedans les quarante jors, et on le trovoit faux. A l'égart dou l'acort dou segnor selon l'usage dou païs, nous en seriens tenus au segnor de Joinville en soizante soulz d'amande, et de rendre le domage à celui que nous aurions fort jugé, et li fort jugiés vouroit, la querelle ne rien ne gagneroit, ses adversaires et aucuns qui étoient justiciers au segnor de Joinville restoit, le majour et li échevins dou jugement qu'ils auroient fait, et ou le trouvoit sain, il en payerait soixante soulz d'amende dont li sires auroit la moitié et li maire et les eschevins l'autre, et nous ferons droit sans délai en bonne foy et auront nos jors de quinzaine en quinzaine des héritages et des autres faits as ces dou pais, cel de Joinville auront lor pescherie en Marne dès la fraitte, rive dessous Goulmont jusqu'a la valente Saint Roul, le ban de Donjeux, et le ban de Joinville qui dure, dès le pommier à belle clair jusqu'au moulin dessous Saint Ame, et fort la rente as montante, cil de Joinville porront amenir en la ville toutes fames par mariages qui n'auront sente ni réclame de segnor et autres fames non fort que les fames dou segnor de Joinville, nos ne porront marier nos filles se as homes dou segnor de Joinville non de sa propre terre de Joinville ou ces de la jurée, ce il de la terre dou segnor puant faire mariage, à cause de la terre sont frère de Vaucolour, selon la tirement qui est fait entre cui et son frère, ne nous ne poons nos fils faire cler, se par le segnor de Joinville et li sire de Joinville ou ses commandemens pour peut mener ou faire mener en ost et en chevauchié quatre jors au notre et sil nos volait plus tenir dain qui en avant il dourait le jor six deniers à chacun de ces qui auroient cheval et haubert, et aus armés à piés deux deniers, et serient tenus à servir parmi tant, ci lui et à ses hoirs tant com il li plaira et à ses hoirs, et il nous a promis en bonne foy, il que ne nos ménera ne fera mener en ost ou en chevauchier par fausse émoison, et cil qui aura aissoine loyal, et sera atteint au leu en tant que la chevauchie sera semonné, ou li cois fait en sera quitte, gens qui portent a col sont quittes du paage du Joinville, li cossin de Joinville sont francs de toutes gens seroit ou cuens, ou dus ne venait en la ville, li sires de Joinville n'aura point de morte main en la ville, ain, revenra au plus prochain hoir de ces de la jurée ou as eschevins ou a leur hoirs de morants dessous li signor de Joinville, ou à ses hommes taillables qui demorront desous lui en quelqne leu qu'il soit. Li amende du bois sera a quarante soulz et useront cil de la ville as communes pastures entre marne et cloise sur le segnor ausi com ils ont usé, li sires de Joinville ne porra vendre vin en la ville à ban ne faire vendre. Ne nous ne porrons amener vin en la ville qui ne payeront ou auront payé l'arpent au segnor de Joinville ou à son commandement, c'est à scavoir, des vignes de la chastelerie for por notre boivre et por vendre en gros, aussy comme nous avons usé, cil de la jurée ne li estagier en la ville ne doient, ne paage, ne minage, ne vente, ne touvin, à Joinville né en la chastelerie et se aucuns de la jurée était tenu au segnor por dête ou por sa jurée ne a autruy, ont ne porroit mettre main à lui tant com on trouveroit tant de la soie chose que en mueble que en héritaige com a la som monteroit, et ce auscuns de nous ne failloit de sa jurée païer au jor devant nomé li maires et li eschevins panroient tous ses biens muebles et héritaiges et les vanderoient por faire le payement dou segnor de ce quil li devroit de sa jurée, de dans les octaves de la Saint Andreu, et ce il ne les trovoient a cui vendre, il les délivreroient au segnor de Joinville ou a son commandement dedans les octaves devant dites, por faire son payement en deniers contant, de ce que il devroit ou segnor et se ou trouvoit jugement des forfins de la ville en la cors dou segnor de Joinville il seroit requis as usages de Vitry, et tant com on troveroit jugement en la cors il ne seroit requis autre part, et se aucuns plaidois aucuns de ces de la jurée, il ne répondroit fors que devant le majour et li eschevins tant que li maire et li eschevins voldront faire droit. Se la chose ne movoit d'autre segnor en fié et en homage, ou en autri ban ou en la crétienté, li maire et li eschevins doient baillier au prévôs de Joinville compaignie et consorts suffisants de la ville, por aller aus marchés et es étant aus plais contre le segnor et les voisins a cui li sires de Joinville, ou cil de sa terre ou cil de Joinville auront a faire et le livreront jusqu'a quatre bourgeois à cheval sur le moins, et li prevost for donnera lors dépends, reignable li maires et li eschevins de Joinville par cas qui aveigue, ne répondront du ban ne de la justice ne du charroy ne des chevauchées, fors que au droit dou chatesl de Joinville, ne nous navons reclaïn ne resor fors que au droit hoir segnor de Joinville ou à son commandement. Li sires de Joinville ne puet bailler à la ville par son sairement et assurément la lettre dou roy de Frence ne la lettre le roy de Navarre, ne la lettre du comte de Bar, ne la lettre du comte de Brienne, toutes en convenances qui ci sont écrittes jorreront le segnor de Joinville qui après le segnor de Joinville, que or i est vorront à tenir et garder, ci a renouvelles, de lors saels avant ci que la ville leus fasse nulle feauté, ne que il i soient de rien tenu et cil de la ville doient panre le sairement et la lettre dou segnor sans dongier toutes celles fois qu'il lor semoura à Joinville, et si li sires avoit leial essoiynne il en seroit fors danchoisé, tant qu'il seroit fors de l'essoienne, et se il avoit à Joinville mainbour, il feroit le sairement aussy. Toutes ces choses octroyons nos, por nous et por nos hoirs, par notre sairement à tenir fermement, en bonne foy, de sauves toutes les droitures au segnor de Joinville, que ci ne sont nomées avec celles qui y sont nomées, et sauf le droit d'autruy, et si aucun de nous ou nous ou notre hoir alîens en contre cette jurée nos volons et octroyons que li évesque de Châalons, nos et nos hoirs sois excommunier à la requeste dou segnor de Joinville ou de son commandement, et por ce que ce soit ferme chose et estable, nous avons fait ces lettres saeles dou sael de notre commune, et avons prié et requis ses hommes religious Henri, abbé dou Montiérenderf, Jacques abbé de la Crête, et Henry abbé de Boullancour, que ils meissent leurs siaus en ces présantes lettres, avec le sael de notre commune, en témoignage de ce convenance et nous Henry abbé de Montiérenderf Jacques, abbé de la Crête et Henry abbé de Boulancourt devant nommés, avons mis nos siaus en ces lettres, à la prière et à la requeste dou majour et des échevins de la commune de Joinville, avec le sael de la commune, en témoignage de ces choses. Ce fut fait en l'an de grace mil deux cent cinquante huit, ans en mois dits.

(Archives de Joinville.)

COPIE DE LA CHARTRE

du mois de juin 1325, du petit Cartulaire intitulé : Chartre de l'assiette; *folio 7, recto*

Nous Ancels, sires de Joinville et de Rinel, sénéchaux de Champagne faisons sçavoir à tous comme li borgois et habitants de la ville de Joinville fuissent tenus à nous rendre et païer chacun an leur jurée, c'est à sçavoir six deniers de la liure de leurs meuble et deux deniers de la liure de leur héritages, et pour la solution et levée de la ditte jurée, moult et manières de dissentions et des descors étoient mous entre nous et nos borgois et habitants et mout de fois avenoit que pour la dete de la jurée et pour ce que aucuns des dits borgois nosoient mies bien de montrer leur faculté il laissoient à marchander et à faire leur profit de leurs biens et leur facultés et pour la déte aussi de la ditte jurée mous de gens de dehors laissoient à venir demourer en la ditte ville de Joinville et aucun qui y demorroit et auoit demourés de longtemps se départoient d'icelle, pour lesquelles choses et plusors autres inconvénients que la ditte jurée sensivoient chacun jor dont nous li borgois étoient grevei et domagié en moult de manière si comme nous l'avons vû et seu par plusiours fois, Nous considérant et regardant les choses dessus dites et désirant sur ce a pourveoir de remède convenable a la païs et au profit de nous et de nos successours de nos borgois et habitans et de leurs successours, et de ceux qui en la ditte ville venroit demourer pour le tems à venir, vû considérei et regardei les coustanges les frais et les missions que il convenoit faire chacun an à lever la ditte jurée, les deffaut aussy de ceux qui ne povoient poïer la ditte jurée et de plusiours habitants de la ditte ville qui n'avoient franchises et liberté et qui point de jurée ne paioient ou nous, dont notre ditte jurée li profits et la revenüe dicelle étoit moult aminci et amencissoient encor de jor en jor, Nous par la licence, l'octroi et le congié de notre seigneur le roy de Frence baillé à nous dont la tenour du dit congié sensuit.

« Karolus Dei gratiâ Francorum et Navarræ rex, notum facimus universis tam presentibus quam futuris quod exponente nobis dilecto et fideli nostro Ancello domino Joinvillæ et senes callo campaniæ milite quod cum habitatores dictæ villæ suæ de Joinville sint subditi et burgenses sui de jurata, itaque eidem annis singulis ipsi burgenses debere dicuntur de qualibet libra suorum mobilium sex denarios et de qualibet libra immobilium suorum seu hæreditagiorum duos denarios frequenter ratione solutionis et actionis præmissorum non modica provenit inter dictos habitatores seu ipsorum aliquos materia contentionum et rixarum, ac etiam plures ex ipsis interdum quia timent suarum per præmissa, pendere notitiam facultatum, mercaturas exercere non audent, pro ut expediret eisdem et utilitati dictæ villæ nos propter hoc addicti milites pacem et utilitatem dictorum subditorum suorum se in hac parte multipliciter affectare dicenti, suplicationem gratiose concedimus per presentes, quod dictus miles pro dicta redibentiâ annuâ cum dictis burgentibus et subdictis de certo abbonagio vel denario annuatim ab eisdem solvendo æqui valido pro ut idem miles sibi et hæredibus suis ac dictæ villæ magis expedire viderit convenire valeat quocumque valuerit ac dictum abbonagium seu denarium supra dictos burgenses suos, si ad hoc consenserint loco dictæ juratæ seu redibentiæ supra dictæ in perpetuum statuere dictam redebentiam proinde remittendo. Quod ut firmum existat et perpetuo valiturum presentes litteras sigilli nostri facimus impressione muniri, nostro et alieno in omnibus quolibet jure salvo; actum apud Vincennam propre Parisi anno domini M° CCC° vigesimo quarto mense decembris. »

Et tout considerei et regardei si comme dit est, nous avons ordonné et accordei pour toujours pour nous pour nos hoirs, nos successours et ceulx et celles qui averont cause de nous envers les dits borgois et habitants par leur gré et par leur volomptei por eux leurs successours et tous ceulx et celles qui en la ditte ville demouront et vouront demourer en la manière qui sensuit. Cest à sçavoir que les dits Borgois et habitans leurs successour et cil et celles qui en la dite ville demouront ou venront demourer rendront et païeront chacun an à toujours perpétuellement à nous et à nos successours aux termes de Noël la somme de deux cents livres tournois tânt seulement, monoie courtable en Champagne pour ferme redevance en lieu de la ditte jurée, et seront levées les dittes deux cents liures par le majour et les échevins de la commune de Joinville ou par leur commandement sur les choses et en la manière qui sensuivent.

C'est à sçavoir sur chacun feu foisant ménage à Joinville et finage d'icelle quatre sols tournois. Item sur chacune frontière de maison contenant vingt piés li trois font l'aune de Provins seant à Joinville des la porte dou bourg S. Jacques à la voie du chatel selon la maison Mahon et de touttes les maisons par devers le moustier de Joinville jusqu'à la ruelle qui commence selon la maison Le Norman et de touttes les maisons oposites qui commencent en la rue devant la maison Le Norman en venant par devers le moustier et par devers la halle jusqu'à la maison Jean Maubouge et la maison qui fut son père qui sieit devant icelle en venant par devers la maison Le Bailly jusques à la ditte porte trois soulz tournois et de touttes autres maisons séens dedant les murs qui ont issue sur rüe par ou on charoye chacune frontière contenant vingt piés, si comme dessus est dit, deux soulz tournois et de touttes les maisons seens en rüe hors des portes qui ont issue sur charrière par ou on va de ville à autre pour chacune frontière contenant vingt quatre piés au pié dessus dit deux soulz tournois et de touttes les maisons seens en une hors des portes qui ont issüe et charrois ne cornires et aussy de celles dedans les portes qui sont en ruelle ou charois ne cormies de ville à autre pour chacune frontière contenant vingt-quatre pieds, au pié dessus dit, seize deniers tant dou plus comme dou moins sur touttes les choses dessus dit a lavenant et est a entendre que uns pié plus ou un pié moins ne charge ne décharge en frontières dessus dittes, ou au cas que la frontière de la maison contenroit les tenours dessus dittes chacune selon le lieu ou elles seroient et seront en cette assise au fuer dessus dittes comptées et jettées granges maisons et places dedans et hors la ville en rues selon le lieu ou elles sont assises et aussiment sera des aubergements que lon feroit des en avant sauf tant que les places séens en lieux dessus dit ne poieront que demie assise selon le lieu ou elles sont assises tant comme elle seront à hauberger et se aucune de celles qui sont haubergier venoient à ruine par quelles fussent en place, elles ne poyeroient aussi que demie assise et quand elles revinroient à haubergement elles poyeroient l'assise comme de rechief. Pour chacun arpent de vignes séant en la chastellenie de Joinville douze deniers de chacune fauchiée de pré et journée de terre seens de Joinville jusques à Rupt Jean et en leffondrée et Combe Gerard et de Joinville jusqu'au ruissel de Rupt et de chacun journel de jardin et demie seens ès dit lieux desquelles choses li jornel et la fauchiée de pré contient quatre vingt cordes a la mesure de l'arpent dix deniers de rechief pour chacun journel de terre arable ou fauchiée de prei à la mesure dessus dite seens en la chastellerie entre Joinville et Vecqueville dou fond dou val d'Arces et ou fond dou val de Wassy et entre la maison de Meizets et les vignes de lieure Chaistel et de Coillonval et de la le ruissel de Rupt, de tout Marcheval par devers Belle Éclere et en terrouere et en varannes de Vecqueville, dessous Vecqueville aussy comme le grand chemin en Marne clause par devers les vignes de Gressard et le bois de Vecqueville jusques au finage de Chatonrupt six deniers et les terres seens en dit bois entre le bois de Vecqueville et le sentier qui tient dès Joinville à la male maison de Soubermont qui ne doient terrage pour chacun jornel de terre arable à la mesure dessus ditte deux deniers, et permis cet accord de deux cents livres poiant à nous et à nos successours. Si comme dessus est dit la ditte jurée et annullée pour toujours et se la ditte assise montait à plus de deux cents liures jusqu'à trente liures outre pour le temps de maintenant ou à venir, li maires et li échevins les leverroient ou leur commandement pour les défaillants, pourquoy la dite somme de deux cents livres fut emplie à nous à nos successours et pour les frais et les missions de la ditte ville et pour le profit d'icelle et ne pouvoient être repris de nous ni de nos successours ne plus rien pourroient lever ne adjoindre por quelconque manière que ce fust se par notre congié n'étoit et non autrement l'assise qu'il font sur leur héritage si comme dessus est dit, nous ne notre successour ne nous tourons en rien ai cette assise, mais seroient tenus à toujoursmais notre dit Borgois et successour a nous randre et a nos successours les dittes deux cents liures en la manière devant ditte et se nous ou cil qui cause averoient de nous, voloient lever la trentième gerbes ou geline des héritages que cil de Joinville ont repris de nous, si comme il est contenu ens autres chartres que cil de Joinville ont nous et nos successours les rabatteriens à la somme de deux cents liures que on nous doit a la value que tels débite auroient auprès de Champagne. Et est a sçavoir que pour mieux et plus certainement poyer a nous a nos hoirs et a nos successours les dittes deux cents liures, aux terme dessus dit li dits maires et eschevins qui pour le temps seront pourront commancier sans autre congié peur de nous et de nos successours et lever la ditte assise sur les dits feux et sur lesdits héritages dès le lendemain de la Tous saints et li dits maires et eschevins la ditte assise et feux exploitter et exécuter dez la ditte Toussaints précédent li dit terme de Noël et gagier à contraindre les rebelles dou poyer et qui seroit défaillant d'ou poyer de dans la quinzaine dou landemain de la Toussaint li dits maires et eschevins vendroient leurs meubles sils se trouvoient pour le deffaut et se tant de ses meubles ne trouvoient, ils vendroient les héritages pour le fait dessus dit et se sourplus avoit en la vendue il seroit rendus a celuy cui li meuble ou li héritaige auroient étei, il ne pourra revenir cil cui li héritaige averat estei vendu audit héritaige ne sui hoir par un traitté fors que de dans deux ans après la vendue et parmi les missions les mandemens et les léaux cous rendans nonobstant l'usaige et coutume de Paris faisant au contraire, et se il nous defailloit aucune choses des dittes deux cents liures au terme devant dit li dit maires et eschevins dedans quinze jours après ledit terme seroient tenus à délivrer à nous et à nôtre commandement le deffaut des dittes deux cents liures. Et est à sauoir que tui cil qui tenroit les héritaiges dessus dit de quelque condition que soient clerc, noble, laic, et autres personnes poieront leurs redevances dessus dittes selon es quelles sont assises et ordonnées sur les dits heritaiges selon que chacuns en tenra ; et cil qui a présent tiennent aucuns héritaiges qui sont francs à la vie de ceulx qui les tiennent seront chargiées après leur décès des redevances dessus dittes en quelques mains qu'ils veignent soit dou seignour ou d'autres et se aucuns desdits héritaiges venoient en notre main ou de nos successours pour estrayer ou par quelconque manière hors de notre main chargiez de tel charge comme il aviseroit étei chargiei et le meteriens entre les mains d'aucuns des justiciables de la ditte ville et se il nous ploisoit ou nos successours a retenir le dit héritaige pour nous ou pour bailler a autruy tous comme le tanriens ou autres nous rabateriens de la ditte assises au fuer de ce que ledit héritaige averoit été chargée toutes lesquelles choses dessus dittes et chacunes d'icelles nous sires pour nous pour nos hoirs et successours et ceulx et celles qui cause averoient de nous promettrons léalement et par notre sairement a tenir à toujours fermes et stables sens ou contrevenir et promettons a garentir et deffendre a propres cous et dépens, contre tous et envers tous qui debat et empêchement ils voudroient mettre espéciallement envers le roy de France, notre segnor les seignours de Champaigne et tous autres et c'est à sauoir que tous nos autres redevances que nous avons sur nos dits Borgois et habitants de Joinville tous li autre point de leur chartée et de leur privilèges demourent sauf a un chacun de nous et demourent en leur force et en leur vertu sauves les choses dessus dittes; et pour ce que ces choses soient et demourent plus fermes et plus estables, nous, Marguerille de Voidamont, dame de Joinville, femme et épouse de nous Ancel segnor de Joinville et de Rinel senechauz de Champaigne dessus dit par notre grei l'ottroi et de l'autoritei que nous li avons donné et donnons, avons baillié et octroié baillions et octroyons toutles les choses dessus dittes. Et chacune d'icelles par notre sairement loons agréons approuvons et consentons sens jamais venir en contre pour cause de notre douaire ne pour quelques autres cause et raisons que ce soit et voulons nous sires de Joinville dessus dit que notre successour segnour de Joinville soit tenus à faire as Borgois de Joinville qui pour le temps feront sairement de garder l'accord et les convenances dessus dittes selon ce qu'il est convenu en la grand chartre que li Borgois de Joinville ont de notre segnour notre père que Dieux absoille; en témoignage de la quelle chose nous Ancels sires de Joinville et de Rinel sénéchaus de Champaigne et Margueritte de Voidamont dame d'iceulx lieux devaut dittes auons scellées ces lettres de nos scelz données à Joinville le jour du saint sacrement notre segnour Jesus Christ en l'an de grâce notre segnour mil trois cens vingt et cinc au mois de juin.

(*Archives de Joinville.*)

COPIE DE LA CHARTRE

de Claude de Lorraine, comte de Guise et baron de Joinville; du 4 mars 1524.

Claude de Lorraine, comte de Guise et d'Aulmale, baron d'Elbœuf, Bornes, Aubenton, Rumigny, Martigny, Laferté-Bernard, Vesaigne, la Juchez, Sable, Joinville, et lieutenant général du Roy, senechal hereditai et gouverneur en ses pays de Champaigne et Brie, a tous ceulx qui ces présentes lettres verront salut : Reçue avons l'humble supplication de nos chers et bien amés les manants et habitans de notre ville de Joinville contenant comme ils sont tenus et redevables en nous en plusieurs conditions sujessions et redevances serviles réelles et personnelles, à savoir de la somme de quatre cents liures tournois d'assise payable à la quinzaine d'après Noël ez mains de notre receveur de Joinville tout à une fois, qu'ils sont aussy des conditions de forfinances, formariage et non tonsurables sans notre congés, pareillement nous sont redevables d'une redevance appelée communément la fourche et le ratel, qui est que chacun desdits habitants nous doit au jour de Saint Jehan Baptiste deux deniers tournois et davantage ; nous sont aussy tenus en une redevance appelée les arpens qui est que pour chacun arpent de vigne qu'ils labourent en notre finage de Joinville ils sont tenus nous en payer dix neuf deniers tournois a la charge comme ils dient que nul quel qu'il soit ne peut vendre vin en notre ditte ville ne ez faubourgs sinon du creu du dit lieu, et en plusieurs autres servitudes, à l'occasion desquelles notre ditte ville de Joinville demeure inhabitée et dépopulée et plus pouvoit faire a l'avenir si par nous n'y étoit pourvû. Nous humblement supliant y vouloir avoir esgard et leur impartir sur ce notre grâce et provisions. Savoir faisons que nous désirant favorablement traitter nos dits sujets et les mettre en bonne liberté et franchises afin qu'ils ayent meilleur vouloir de réparer embellir et décorer notre ditte ville et que plus volontiers les étrangiers sy viennent loger et habiter pour le repopulement d'icelle et pour leur donner occasion de mieux nous obéir et complaire, leur avons de notre grace spéciale, autorité et pleine puissance pour ces causes et autres comme justes et raisonnables à ce nous mouvant, remis, quitté et aboly, remettons, quittons et abolissons par ces présentes les dittes servitudes, dettes et redevances, de forfinanes formariage, non tonsurable sans notre congé, la fourche et le ratel et les arpens dessus dits à toujours perpétuellement pour eux leurs hoirs et ayant cause, sans que cy après nous ne nos hoirs et successeurs leur en puissions aucune chose demander ne les contraindre en aucune des choses dessus dittes, en quelque manière que ce soit, voulant et déclarant par ces dittes présentes que nos dits sujets, leurs enfans et ceulx qui enviendront et qui seront demourants et résidants en notre ditte ville et faubourg de Joinville, se puissent marier à qui et ou bon leur semblera sous quelques seignours ou dames que ce soit sans pour ce encourir en aucuns danger ne amende de formariage pourvû qu'ils ne prendront fame de serve condition pour admener en notre ditte ville de Joinville ou faubourgs d'icelle que premièrement il n'oient appointé à son seignour pour le formariage et autres servitudes autrement que ou au cas qu'ils feroient le contraire ils seront tenus nous payer l'amende de leur formariage jusqu'au tiers de leur vaillant ou autres telles amendes qu'il nous plairoient arbitrer selon notre discrétion et l'avis des gens de notre conseil et pourront succéder les uns aux autres et disposer de tous leurs biens meubles et immeubles tant par dispositions entre vifs que autrement sans charge de main morte fort finance ou autres servitudes tout ainsy que font et ont accoutumé faire les autres franches et libres personnes du royaume de France, sans que nous ne nos dits successours orés ne pour le temps à venir y puissions mettre ou donner aucun empêchement ; permettons, consentons et nous plait que nos dits sujets et leurs successeurs puissent faire prendre tonsure de clercs à leurs enfants, de leur prélat ou autres ayant puissance toutes fois et quantes fois que bon leur semblera sans notre congé ou permission, et aussy avons remis et quitté, remettons et quittons par ces dittes présentes à toujours les dittes redevances de deux deniers tournois pour la fourche et le ratel, de dix-neuf deniers tournois pour chacun arpent de vigne qui est a présent en nature en nôtre dit finage, sans que jamais nous ne nos dits successeurs en puissent demander ne réclamer aucune chose, à la charge que doresnavant ils ne leur dits successeurs ne pourront aucune chose essarter ne nouvellement labourer en tous les bois et forêts de leurs usages sans notre congez et permission sur peine de soixante sols tournois d'amende à tous ceux qui feroient le contraire et pareillement ne pourront aucune chose labourer ne essarter en nos garennes sur les peines que dessus, lesquelles touttes fois nous pouvons élargir par touttes les terres vaccantes ou il nous ploira sans ce que nos dits sujets leurs successeurs y puissent chasser le jour de Carême prenant ne autrement de quelque manière que ce soit, lesquelles toutes fois pourront essarter et labourer par touttes les autres terres vacants de notre dit finaige de Joinville ainsy qu'ils ont accoutumé faire du passé et pourront tous marchands et autres gens de quelques états qu'ils soient vendre vin en notre ditte ville et faubourgs de leur cru et pays étranger que bon leur semblera et nos dits sujets pareillement en leurs maisons hottelleries et tavernes si bon leur semble. Toutes ces choses faites moyennant et parmi ce que nos dits sujets leurs successeurs par chacun an la dite somme de 400 liures tournois qu'ils seront jettez et imposez sur eux le fort portant le faible par le procureur de la ville et trois échevins qui seront chacun an eslûs le jour de Saint Luc à perpétuité a nos officiers ou comis ledit jour Saint Luc ainsy qu'ils ont accoutumes. Et le dit jet et rolle fait le mettront ez mains de notre dit receveur de Joinville présent et avenir dedans le jour de Saint Martin d'hiver pour lever et recueillir la ditte somme de quatre cents livres tournois par notre dit receveur et icelle nous payer dedans le jour de Noël en suivant entiérement sans aucuns deffaut pour le sallaire, auquel receveur nos dits sujets ont promis et seront tenus luy payer la somme de vingt-cinq liures tournois de gaiges et pension par chacun an qu'ils jetteront et imposeront sur ceulx comme dit est outre la ditte somme de quatre cents liures tournois et autres frais accoutumés dont le dit receveur sera tenu rendre compte au dit procureur et eschevins de loutre, plus qu'ils auroient jettés ou imposés outre les dittes sommes de quatre cent livres tournois et vingt-cinq liures tournois. Et en cas que dedans trois mois après le dit reolle reçû il trouvoit aucun ou aucunes de demourant ou non demourans au dit Joinville qui n'eussent bien à suffisance ou fussent refusant de poyer ce qu'ils auroient été imposez, et il en convenoit faire poursuitte en les baillants par déclaration aux dits procureur et eschevins de dans les dits trois mois ils seront tenus de lui faire bons les deniers et luy fournir comptant autant que se montera le dit jet et impot pour nous délivrer entiérement les dittes quatre cent liures tournois et si procès s'en ensuivroit seroit tems prendre la cause pour le dit receveur et ycelle soutenir et poursuivre à leurs frais et au regard de la conduite et gouvernement de la justice, et autres affaires de notre ditte ville de Joinville y avons ordonné à la requête et du consentement de nos dits habitants en la manière que s'en suit : C'est à sauoir que le préuost dudit Joinville présent et à venir aura et luy appartiendra toutte la justice juridiction et connaissance en tous cas en première instance sur tous les dits habitants en quelques causes et matières que ce soit tant réelles personnelles, crimes excès et délits que autrement, en quelque manière que ce soit et seront tenus répondre et sortir juridiction par deuant lui comme du passé ils faisoient par devant le majour et les eschevins du dit Joinville en suivant les anciennes chartres a eux données par nos prédécesseurs seignours du dit lieu sans ce que doresnavant il y ait plus de majours et eschevins qui ayant offices de judicature fors et exceptés ainsy que cy après sera déclaré ; auquel prévost iceux manants et habitants procureur et eschevins seront tenus obéir et répondre comme à leur juge ordinaire en première instance et auront tels privilèges par devant ledit prévost comme ils avoient du passé par devant les dits majour et eschevins, à sauoir que partie contre autre ils ne se présenteront se bon leur semble pourveu que soit de borgois à borgois et les deffauts avant lits et contestations en cause ne rendront que douze deniers, une fauche clair douze deniers, une loy partie douze deniers et semblablement des autres amendes comme elles étoient par devant les dits majour et eschevins, et plus avant ne pourra demander ne recevoir le dit prévost d'iceulx habitants sur peine de restitution et d'amende arbitraire à nous appliquer dont les dits habitants ou lung deux se pourront plaindre à notre bailly du dit Joinville ou son lieutenant lequel en fera la punition comme il appartiendra et sera tenu le dit prévost répondre et sortir jurisdiction par devant luy comme son juge réformateur et auront les dits procureur et eschevins dudit Joinville regard sur touttes les autres affaires communes de la ditte ville tant pour le roy que pour nous ainsy que avaient les dits majours et eschevins du passé sans entreprendre juridiction ou connaissance de cause et touttes et quantes fois qu'il viendra aucun plaintif, question ou débats, entre les dits habitants de voisins à voisins à l'occasion deffaut de chanlattes ou de diminution de murs des parois ou d'entreprises de ventes, égouts, issues ou autres choses, les procureurs et trois eschevins se pourront transporter sur les lieux s'ils en sont requis pour en faire la visitation tant au dit Joinville que au finage d'icelle, et sils y trouvent faute ils en pourront juger et terminer par sentence sur le lieu si bon leur semble, ou ailleurs, les parties présentes ou appellées ainsy qu'ils trouveront par ouvrier et gens à ce connaissant et ou ils ne pourroient mettre fin renverront les parties par devant le prévost dudit lieu pour les ouir et en ordonner il comme il appartiendroit, et sil vient appel de leur appointement qu'il ressortira devant le bailly dudit Joinville seront tenus se soutenir et ils prendront la moitié de l'amende comme ils ont accoutumez en prenant par eux salaires raisonnables de leur visitation ainsy que d'ancienneté a été accoustumé faire, et s'il était question du fond de l'héritage que chacune des parties prétendit luy appartenir la connaissance et la juridiction en appartiendra audit prévost ; et auront iceulx procureurs et eschevins la garde du mare des mesures de nottre ditte ville de Joinville. C'est à sauoir de boisseaux, bichets, escuelles, pintes, chopines, aulnes, et autres choses qu'ils pourront marquer et adjuster aux meuniers, minagiers, taverniers, marchands et autres qui en auront nécessité en prenant sallaires roisonnables, comme dit est avec le dixme accoustumé sur le minage apeler ceux qui pour ce seront a apeller, de touttes lesquelles mesures le dit prévost aura visitation tant sur l'abus qui y pourroient commettre les dits procureurs et eschevins que ceux à qui ils les auroient baillés pour les poursuivre d'amendes selon que au cas appartiendra excepté le jour devant les deux foires accoutumées au dit Joinville que iceux procureur et eschevins feront la visitation des dittes mesures et s'ils y trouvent faute en advertiront le dit prévost pour poursuivre les délinquants d'amendes comme dessus. Avons aussy ordonné et ordonnons aux dits procureurs et eschevins peser chacun jour le pain des boulangiers et visiter la chair des bouchiers, poissons, harrengs et autres choses pour sauoir s'il y aura aucun abus, dont ils advertiront ledit prévost qui touttes et quantes fois qu'il y trouvera faute et le dit pain trop petit et léger les boulangiers, bouchers deffournis ou abusans les poursuivra d'amendes telles que au cas appartiendra et néantmoins en la négligence des dits procureurs et eschevins pourra le dit prévost faire les dittes visitations touttes et quantes fois que bon luy semblera et besoin sera, car ainsy nous plaist. En témoin de ce nous avons a cés dittes présentes signées de notre main fait mettre et appendre notre scel armoyé de nos armes.

Donné audit Joinville, le quatrième jour de mars lan mil cinq cent vingt et quatre, signé enfin Claude, et sur le reply ; par monsegnour le comte de Guise, baron de Joinville et ses lieutenants et bailly procureur et autres officiers dudit lieu présens, Rochereau, avec paraphe et scellé de cire rouge.

(Archives de Joinville.)

COPIE DES LETTRES DE CONFIRMATION

de François Ier, Roy de France; de 1529.

François, par la grâce de Dieu, roy de France, à tous présens et à venir, salut, scavoir faisons que Nous ayant agréables les lettres patentes de notre cher et amé Claude de Lorraine, duc de Guise, baron de Joinville, gouverneur et notre lieutenant général en nos pays et comté de Champagne attaché à ces présentes sous le contre scel de notre chancellerie, par lui octroyé à nos chers et bien amés les manans et habitans du dit Joinville, nous pour les mesmes causes y déclarées avons tout le contenu en icelles de point en point confirmés loué approuvé, confirmons louons et approuvons, et d'abondant, en tant que de besoin est ou seroit, aux dits manans et habitants leurs hoirs et leurs successeurs présents et avenir, de nouvel octroi accordé, accordons et octroyons de notre grâce spéciale pleine puissance et autorité royale par ces présentes exepté toutes fois des cas royaux et privilégiés et autres dont la connaissance appartient à nos juges par prévention aussy le ressort des juges du dit Joinville à nos juges ou ils doivent ressortir en mandant et enjoignant très expressément à nos amés et féaux les gens de nos comptes à Paris, au bailly de Chaumont en Bassigny, et à tous nos autres justiciers et officiers ou à leurs lieutenants présents avenir et à chacun d'eux en droit soy, et sy comme à luy appartiendra, que de nos présentes confir mation et octroi, il fassent souffrir et laissent les dits supliants, manants et habitants de Joinville, leurs dits hoirs et successeurs, jouir et user pleinement, poisiblement et perpétuellement, aux charges restrictions comme tout ainsy et par la forme et manière que les dittes lettres de nôtre dit cousin lont spécifiées et déclarées par le menu, sans en ce leur faire mettre ou donner ne souffrir leur être fait cuis ou donnés ores, ne pour le temps avenir, aucun trouble ou empêchement au contraire en quelque façon que ce soit, lequel si fait mi ou donné leur avoir été donné ou était le nôtre sans délais, à pleine et entière délivrance, car tel est notre plaisir, et afin que ce soit chose ferme et stable à toujours, nous avons fait mettre notre scel à ces présentes sauf en nos autre chose notre droit et l'autruy.

Donné au dit Joinville, au mois de janvier l'an de grâce mil cinq cent vingt neuf, et de notre règne le seizième (1). Signé sur le reply, par le roy, Brelon, avec grille et paraphe, et a costé, sur le reply, signé Des Landes, avec paraphe, et scellé du grand sceau de cire verte en lacs de soye rouge et verte.

(*Archives de Joinville.*)

---

(1) François Ier succéda à son père, Louis XII, le 1er janvier 1515.

ÉRECTION DE JOINVILLE

EN PRINCIPAUTÉ (1).

Henry par la grâce de Dieu roi de France, savoir faisons à tous présents et à venir, que pour la très singulière recommandation en laquelle nous avons nostre très cher et très amé cousin, Francoys de Lorraine, duc de Guyse, pair et grand chambellan de France, marquis de Mayenne et baron de Joinville, Éclaron, Roches, Doulevant-le-Châtel et Sailly, sénéchal héredital de Champagne, gouverneur et notre lieutenant général en nos pays de Dauphiné, Savoie et Saluce, et de nostre très chère et très amée cousine son épouse Anne d'Est, fille aînée de nostre très cher et très amé oncle le duc de Ferrare, et de nostre très chère et très amée tante Renée de France ; voulans de plus en plus faire connoistre à ung chascun l'affection singulière que nous leur portons, non seulement pour le regard de la consanguinité

(1) Cet édit et les suivants ont été reproduits en partie par M. Fériel, dans son intéressante brochure intitulée Notes et Documents pour servir a l'histoire de joinville. On y trouve aussi le titre de fondation du couvent de la Pitié, un acte relatant la prise de possession de Sainte-Ame, donné aux Cordeliers par Antoinette de Bourbon, et enfin le procès-verbal contenant l'inventaire de l'église du château de Joinville, en 1790.

et affinité qu'ils ont avec nous, mais aussi pour considération tant des claires vertus et très louables qualités qui sont en la personne de nostre dit cousin et de ses mérites envers nous et la chose publique de nostre royaulme, que pareillement de l'excellence, noblesse et antiquité de l'illustre maison de Lorraine et de Guyse dont nostre dit cousin est descendu; et afin que chascune de ses terres et possessions soient et demeurent à perpétuité décorées de titres et qualités correspondant à la grandeur de sadicte maison et satisfaction de ses mérites; duement avertis que sadicte baronnie, terre et seigneurie de Joinville, située et assise en nostre pays de Champagne est de très-bon, grand et satisfaisant revenu, pour obtenir et soutenir le nom de titre et qualité de principauté avec les adjonctions et annexes qu'on y peut faire, d'autres terres prochaines appartenantes à nostre dit cousin; joint aussi que de ladicte baronnie dépend grand nombre de fiefs, arrière-fiefs et vassaux; et y a ville et maison de grande et ancienne marque, où par ci devant feu nostre cousin le duc de Guyse, son père, de très recommandable mémoire, a fait ordinairement sa principale demeure, comme faict encore aujourdhuy nostre dict cousin, son fils;

Pour ces causes, et autres bonnes, justes et raisonnables considérations, à ce nous mouvans; ayant sur ce eu délibération avec aucuns princes et seigneurs de nostre sang et autres grans et notables personnages de nostre conseil, ladicte baronnie, terre et seigneurie de Joinville, avons par ces presentes créé et érigé, créons et érigeons de notre certaine science, pleine puissance et authorité royal, en titre nom et qualité de principauté, desquels nous la décorons avec le titre et nom ancien de sénéchal héréditai de Champagne. Pour par nostre dict cousin, ses hoirs, successeurs et aians cause, en jouir esd. nom titre et qualité de principauté avec telz et semblables droits, autoritez, priviléges, prérogatives et prééminences dont ont accoustumé de jouir les autres ayans titre de principauté, la création et érection de nous et de nos prédécesseurs, tant en faits de guerre, assemblées de nobles, qu'en tous autres cas, lieux et actes.

Et pour augmenter et amplifier le revenu de lad. principauté, afin de mieux et plus convenablement soutenir sond. titre et à l'augmentation et décoration d'icelle, nous avons joint et uni, joignons et unissons à icelle perpétuellement et inséparablement par cesd. présentes lesdites terres et seigneuries d'Eclaron, Roches, Doulevant-le-Chatel, Sailly et celles de Rupt, Vecqueville, Chatonrupt, Breuil, Ragecourt, Gourzon, la Neuville-à-Bayard, Sommeville, Ruetz, Chevillon, Bayard, Magneux, Vrainville, Guindrecourt-aux-Ormes, Sommermont, Bailly-aux-Forges, Morancourt, Mathons, Nomécourt, Mussey, Ferrière, Rouvroy, Osne, le Val-d'Osne, Effincourt, Pancey, Bures, Saudron, Ribaucourt, Vaudeville, Domblain, Villiers-aux-Chênes, Moitonval, Montaut-le-Haut, Charmes-la-Grande, en l'Angle et la Chapelle, Baudricourt la petite, Dompmartin-le-Franc, Courcelles, Bétoncourt, Ambrières, Moelain, Allichamps, le Chatellier, la Neuville-au-Pont, Humbécourt, Eurville-les-Côtes, Houlecourt, Attoncourt, Attancourt, Vallerest, Villers-au-Bois, Braucourt et Troisfontaine-la-Ville. Toutes lesd. terres tenues de nous à cause de nos chasteaux de Vuassy et de Montescleres, situées et assises ès prévotés dud. Vuassy et d'Andelot en nostre bailliage de Chaumont et comté de Champagne, leurs appartenances et dépendances, pour estre tenues et possédées à toujours par le prince dud. Joinville, comme étant membres et des appartenances et dépendances de lad. principauté. En promettant et octroyant de nostre plus ample grâce et hauctorité que pour la justice et juridiction dicelle principauté, nostred. cousin et sesd. successeurs y puissent mettre, ordonner, instituer et establir toute manière d'officiers et ministre de justice pardevant lesquels les demeurants en la ditte principauté seront justiciables en première instance à savoir, pardevant ses prevosts en touttes causes criminelles et encore ez civiles, excédent soixante sols tournois et des autres son excédants les dits soixante sols tournois, pardevant ses mayeurs ou par prévention pardevant ses dits prévosts sans que ses sujets puissent respectivement être convenus en la ditte première instance par prévention ou autrement. Pardevant notre dit Bailly de Chaumont ou pardevant les prévots des dits lieux de Vassy, Andelot ou autres juges du pays, *fors ez cas royaux et privilégiez seulement* dont la connaissance appartiendra à notre dit Bailly, dudit Chaumont ou son lieutenant à son siége présidial du dit Chaumont; voulons en outre ei nous plait que les appellations des juges, prévosts, mayeurs, gruyers, leurs lieutenants et sergents des dittes terres de Joinville, Éclaron, Roche, Doulevant le Chatel, Sailly et autres dessus déclarées ressortissent nüement et sans mayeurs, pardevant le Bailly dudit Joinville au dit lieu, encore qu'aucune des dittes appellations eussent de plein droit ou par option par cy devant ressorty en première instance, pardevant notre dit Bailly de Chaumont en Bassigny ou son lieutenant au dit lieu ou ez assises des dits lieux de Wassy ou Andelot; et ce nonobstant les coutumes du dit bailliage, droits d'option, et les préventions à nous appartenant et prétendües par nos juges en première instance, ez causes d'apel sur les sujets de la ditte principauté et demeurans ez lieux dessus déclarez annexés à ycelle de connaître de leurs causes et matières par prévention en premières instance, et par option ou autrement en quelque manière que ce soit de leurs causes d'apel; et que les apellations daucunes des dites terres n'oyent pas cydevant ressorty au dit Joinville, mais pardevant notre dit bailly de Chaumont ou son lieutenant, voulons en outre que les appellations qui seront interjettées du dit bailly de Joinville ressortiront cy après nüement et sans mayeurs pardevant notre dit Bailly de Chaumont ou son lieutenant à ses jours ordinaires et siége présidial au dit Chaumont, sans aucunement ressortir ez assises des dits autres lieux de Wassy ou Andelot, es quelles assises ne seront aucunement sujettes les dittes terres de notre dit cousin, ne ses sujets traitables et justiciables, ne pardevant les juges des dits lieux, mais seulement pardevant les juges en première instance de notre dit cousin et diceux pardevant le bailly du dit Joinville ou son lieutenant, et par appel d'yceluy. Pardevant notre dit bailly de Chaumont ou son lieutenant en son siége présidial du dit Chaumont, ez jours ordinaires duquel notre dit bailly de Chaumont, après les huit jours introduits par nos ordonnances, de pouvoir renoncer aux appellations, seront tenues, les parties, tant les appelant que les adjournez et intimez y ayants assignasion en vertu de la commission de notre dit bailly ou son lieutenant au dit Chaumont, procéder ez dittes causes d'apel nonobstant usance quelconque cy devant gardée au contraire davantage, voulons et ordonnons et nous plait, que les gruyers et officiers de notre dit cousin et de ses successeurs ayent la *connaissance cour et juridiction des délits qui se commettront ez eaux, bois, forests, patis et usages étant en icelles principauté* sans que nos juges réformateurs ou en questeurs de nos eaux et forests en puissent prendre an avoir aucune counaissance s'il n'y avoit quelque droit qui particuliérement ou en communauté nous appartint ez dits bois et forests et tiendront de nos dits cousin et ses dits successeurs. La ditte principauté avec les dites terres et seigneuries d'Éclaron, Roches, Doulvant, Sailly et autres dessus déclarées incorporées et unie à ycelle comme dit est et a une seule foy et hômage de nous a cause de notre comté de Champagne, et seront les vassaux sujets et autres de quelqu'état, qualité et conditions qu'ils soient tenant noblement ou roturièrement de la ditte principauté et terres unies a ycelles ne faisant les hommages, et baillons, les dénombrements adveux et reconnaissance et en tous actes généralement quelconque tenus et astains doresnavant nommer avouer et reconnaitre notre dit cousin, ses dits hoirs et ayant cause, prince du dit Joinville, et reprendront d'eux les dits fiefs a cause des chastel et principauté du dit Joinville, et nos dits cousins et ses dits successeurs tenants, et qui viendront en la ditte principauté du dit Joinville, seront inscritz et dénommez princes du dit Joinville, ez lettres et instruments des foys et hommages qu'ils feront et prêteront ; et pareillement en leurs papiers censiers et autres actes.

Et afin que lad. principauté dudit Joinville demeure à tousjours ainsy unie et entière ainsi que dict est, nous par édict, loi et statut perpétuels et irrévocables, oultre ce que dessus, avons par cesd. présentes pour la conservation des princes dud. Joinville, perpétuation du nom et titre de lad. principauté, déclaré, statué et ordonné, déclarons, statuons et ordonnons par ces présentes, que lad. principauté et lesd. terres ainsi que dit est, unies à icelle, soient et seront à toujours tenues et possédées par un seul seigneur, à sçavoir par l'aîné fils de nostrd. cousin et les descendants de lui et de sad. maison successivement, en préférant les aînés plus prochains et leur lignée aux puînés ; et sy c'est en succession collatérale, par l'aîné dicelle et ses descendants, préférant le fils à la fille comme dict est ; et se nommera et instituera led. seigneur qui tiendra lad. principauté et lesd. terres unies à icelle prince de Joinville, sans qu'elles puissent être démembrées parties ou divisées, encore que par coutume des lieux où elle est située et assise, toute terre se doive partir entre cohéritiers et que chascun puisse vendre, donner et autrement disposer en partie de son fief ; auxquelles coustumes nous avons par ceste fois et sans préjudice dicelles en autres choses, dérogé et dérogeons de notre dite certaine science, pleine puissance et autorité par cesd. présentes; à la charge toutte fois que celui auquel aviendra lad. principauté, quiconque soit à l'avenir, portera et sera tenu porter armes telles que de présent porte nostred. cousin, pleines et entières, ou du moins jointes avec les siennes, sans délaisser celles de nostred. cousin ; et sera tenu récompenser ses cohéritiers en héritages, rentes ou revenus de la valeur de ce qu'il leur devroit appartenir en lad. principauté, non compris en lad. valeur les chasteaux et maisons de lad. principauté ; et s'il n'y avoit héritage, terres et seigneurie pour faire et fournir la valeur en revenu desdites parts et portions desd. ces cohéritiers, en ce cas prendront par les mains du recepveur de lad. principauté ce que pourroient monter respectivement de revenu annuel icelles parts et portions, jusqu'à ce que led. prince leur ait baillé terre de lad. valeur.

Si donnons en mandement par ces présentes à nos amez et féaulx conseillers les gens tenans nos cours de Parlement, chambre des comptes à Paris, trésoriers généraux de nos finances, au bailly de Chaumont en Bassigny ou son lieutenant, et à tous nos autres justiciers et officiers et à chacun d'eûx en droit soy et comme à luy appartiendra, que nos présentes création et érection de lad. principauté, union, incorporation, déclaration, statut, ordonnance et vouloir ils entretiennent, gardent et observent, facent de point en point entretenir garder et observer, lire publier et enregistrer et diceulx nostred. cousin duc de Guise prince de Joinville, ses successeurs et ayant cause, jouir et user pleinement et paisiblement ainsy que par la forme et manière que dessus est dit, cessant et faisant cesser tous troubles et empêchemens à ce contraires, car tel est nostre plaisir; nonobstant quelconques edits, statuts, ordonnances, coutumes, constitutions, mandemens, restrictions, défenses, lettres ou autres choses à ce contraire et même lesd. coutumes et usages des pays esquels lad. principauté de Joinville et lesd. terres unies sont assises; auxquelles, ensemble aux dérogatoires des dérogations y contenues nous avons pour cette fois et sans préjudice d'icelles en autres choses, dérogé et dérogeons de nostred. puissance et autorité.

Et afin que ce soit chose ferme à toujours, nous avons fait mettre nostre scel à cesd. présentes sauf en autres choses notre droit et l'autrui en toutes. Donné aud. Joinville au mois d'avril l'an de grâce mil cinq cent cinquante et un, avant Pasque et de nostre règne le sixième (1).

Par le Roy, le duc de Montmorency, pair et connestable, Vous et le seigneur de Saint-André, maréchal de France et autres présens : Du Thier.

Lecta, publicata et registrata audito et consentiente procuratore generali regis sub modificationibus in registro hodiernâ die facto contentis. Actum Parisiis in Parlamento nonâ die mensis maii, anno millesimo quingentesimo quinquagesimo secundo. — Du Tillet.

---

(1) Henri II parvint au trône le 31 mars 1547, à la mort du roi François Ier, son père.

COPIE DE L'ARRÊT DU PARLEMENT,

du 20 février 1558.

Entre le duc de Guise, pair de France, prince de Joinville, demandeur et requérant l'enterrinement d'une lettre patente de la baronnie de Joinville et ses annexes en principauté d'une part, et le procureur général du roy ayant pris la cause pour son substitut du bailliage de Chaumont, d'autre part.

Vu par la cour les lettres patentes données audit Joinville au mois d'auril mil cinq cent cinquante et un, avant Paques, contenant l'érection ci-dessus mentionnées en faveur du duc de Guise, pair et grand chambellan de France, lors baron et à présent prince dudit Joinville des dittes lettres levées et publiées en la ditte cour le neuvième jour de may mil cinq cent cinquante deux, à la charge de récompenser le roy de la diminution de son domaine qui pourroit procéder à cause de la ditte érection des commissions décernées par ladite cour du bailly de Chaumont ou son lieutenant, tant à requeste dudit seigneur duc que du procureur général pour informer de laditte diminution les faits et articles baillez par le substitut dudit procureur général audit bailliage de Chaumont, réponses à iceux fournies par ledit seigneur duc, les enquestes sur ce respectivement faites, certains registres et autres pièces et enseignements produit de la part du dit seigneur duc pour justifier le contenu ès dittes réponses, les conclusions prises et baillées par écrit par ledit procureur général auquel le tout aurait été communiqué réponse dudit seigneur duc, suivant l'arrêt du 20 décembre mil cinq cent cinquante quatre, l'arrêt du 28 novembre mil cinq cent cinquante cinq par lequel les dites enquestes respectivement faittes auraient été reçues pour juger et les parties appellées à produire tout ce que bon leur semblera a ouïr droit la requeste présentée à la ditte cour par le dit seigneur duc le dix décembre mil cinq cent cinquante et un, tendant à la fin que dessus les arrets des 28 janvier audit an 1555, le 8e jour d'aoust, aussy dessus contenües et mentionnées le procès verbal de Me Jean Le Genevois, lieutenant général au dit bailliage de Chaumont, exécuteur du dit arrêt contenant le partage des villages de Mussey, Mâthons et Morancourt, entre nôtre dit cousin le duc de Guise et Affricain de Mailly, chevallier, seigneur de Villiers les Pots, au nom et comme curateur créé par justice à Antoine de Crouy, fils émancipé des comte et comtesse de Senighan, et encore ledit sieur de Guise et les dits comte et comtesse de Senighan, ensemble autre partage de la terre de Moylain, comme entre le roy et le dit seigneur duc, les procurations et déclarations des habitans collectivement ensembles de plusieurs villages dénommés ez dittes lettres, lesquels auraient consenti l'entérinement d'icelles déclarations des fiefs, domaine et justice que le dit sieur duc prétend ez terres et villages de Domblain, Dompmartin le Franc, Attancourt, Valleret, Vassy et Courcelles les adveus et dénombrements rendus tant par luy que ses prédécesseurs au seigneur de Brienne duquel certain fief assis aussy Domartin le Franc est tenu et mouvant, procuration et déclaration du dit seigneur de Brienne, coppies des acquisitions faites au domaine du roy par le feu duc de Guise de quelques droits étant et villages de Magneux et Charmes la Grande spécialement des gagnages qui appartenaient au roy es dits lieux de Magneux et Charmes des exploits et juries des dits lieux et droits y appartenant pour la somme de cent vingt deux livres, cinq sols, trois deniers tournois coppies de plusieurs adveus et dénombrement produit par le dit sieur duc, les registres et comptes extrait de la chambre des comptes produits par le dit procureur général des dix années commençant au jour de la Magdelaine mil cinq cent quarante cinq exclus et finissant à pareil jour mil cinq cent cinquante cinq inclus et autres années précédentes du revenu des fermes et receptes des greffes, tabellionnages, jurées, exploits et amendes des villes et lieux de Chaumont, Wassy et Andelot, le rolle des siéges audit bailliage de Chaumont, et déclarations des villages et lieux étant en l'étendue d'iceluy, des rolles des feux des dits villages l'extrait de plusieurs lettres patentes ordonnance jugement de la ditte cour sur iceluy touchant le marquisat de Mayenne Sablé et Laferté Bernard, produit par le procureur général l'acte du douzième jour d'aoust dernier, passé et tout ce que par icelles parties aurait été mis et produit par devers la ditte cour. Considéré par elle ce qui faisait à considérer en cette part. La ditte cour, par son arrêt, a ordonné que les terres de Domblain, Dompmartin le Franc, Attancourt, Vallerest et Courcelles seront distraites de l'érection de Joinville en principauté et à cette fin seront les dittes lettres de la ditte érection corrigées et réformées, sans préjudice au dit sieur duc des droits de fief, et autres par luy prétendus ez fins et limites des dittes terres, et quels demeureront unies à la ditte terre de Joinville pour en jouir par le dit sieur duc, comme il a fait par ci deuant et auparavant les dittes lettres d'érection, les terres de Mussey, Mâthons, Morancourt, Chatonrupt, Breuil, Ragecourt, Sommeville, Humbécourt, Pansey, Chevillon, Nomécourt, Osne, Ruetz, Bayard, Rouvroy,

Charmes en Langle et Moylain pour le regard et portion que le dit sieur duc de Guise a en icelles seulement, et quand à la part des autres seigneurs ez dittes terres, elle ne sera comprise ez dittes lettres d'érection ains en jouïront les dits coseigneurs et habitans des dits villages par divis et séparément et seront aussi pour cet égard les dittes lettres réformées et autant que toutes les terres et seigneuries de Charmes la Grande et Magneux, la ditte cour a ordonné quelles demeureront en la ditte érection, sans en iceux comprendre les droits du roy acquis par le feu duc de Guise, de dittes terres et rachat perpétuel, et quand aux terres de Bailly aux Forges, Eclaron, Doulvant et autres portées par les dittes lettres d'érection. La ditte cour a ordonné et ordonne quelles demeureront ez dittes lettres ainsy qu'elles y sont comprises sans préjudice toutes fois au dit procureur général du droit de garde et guet par luy prétendu à cause du chastel de Montéclair, sur aucun des dits villages compris ez dittes lettres d'érection et au dit sieur duc de Guise et ses sujets leurs deffenses au contraire et pour l'intérêt prétendu par le dit procureur général en la ditte érection de Joinville en principauté selon le contenu des dittes lettres, la ditte cour pour la diminution du revenu des droits domaniaux des greffes ny exploits et amendes des grosses et menus droit d'option, tabellionnage et jurée ez prévost de Wassy et Andelot, et bailliage de Chaumont, ordonné que le sieur duc fera fournir et bailler par chacun an à la recepte ordinaire du dit bailliage de Chaumont la somme de cent trente deux liures parisis, payables et rendable à ses couts et dépens au lieu de la ditte recette, et laquelle somme de cent trente deux liures demeurera à la ditte principauté chargée et hypothéquée pour être subrogée et sortir pareille nature de domaine, jusqu'a ce que le dit sieur duc de Guise ait fourni au roy et bailli juste récompense en fonds et seigneurie ez dittes prévotez et bailliage de Chaumont, laquelle aussy entrera en même nature de domaine.

Donné à Paris, en Parlement, le septième jour de septembre 1558 par arrêt de la cour, *Signé :* Du Tillet.

A tous ceux qui ces présentes lettres verront, Pierre Grassin, conseiller du roy notre sire en sa ville de Parlement à Paris commissaire de par icelle en cette partie, salut, savoir faisons, qu'entre haut et puissant prince le duc de Guise, pair de France prince de Joinville, demandeur en exécution d'arrêt du 7 septembre 1558, dernier passé d'une part. Et le procureur général du roy ayant pris la cause pour ses substituts au bailliage de Chaumont en Bassigny et ez prévost de Wassy et Andelot, dame Antoinette de Bourbon, dame douairière du dit Guise, dame en partie d'Urville et Humbécourt, les religieux abbés ez couvent de Saint-Urbain, seigneur en partie de Chatonrupt, Breuil, Ragecourt, Sommeville, Chevillon, Mussey, Nommécourt et Osne, messire Jean de Chastelet chevalier seigneur de Saint Amand, seigneur en partie de Pensey, damoiselle Catherine de Varrange, veuve de feu Charles de Montormentier en son nom et comme ayant la garde noble des enfants mineurs dans du dit deffunt et d'elle, Nicolas de Montormentier, Georges de Broullières et Barbe de Montormentier, sa femme, de luy authorisée Collines de Montangon, tant en son nom que comme ayant la garde noble des enfants de luy et de damoiselle Isabeau de Bornay, sa femme, Jean de Montangon, vefve de feu Etienne de Montangon, par Nicolas de Haudreville et damoiselle Françoise de Montangon sa femme seigneur et dame en partye de Rouvroy, François de Hayer, ecuyer, pour ce qu'il tient au lieu d'Osne, les religieuses prieures ez couvent du val d'Osne, pour ce qu'elles tiennent elles, les manants et habitants audit Joinville, d'Eclaron de Roches, de Doulvant le Chatel, Moytonval, de Sailly, de Rupt, de Vecqueville, de Chatonrupt, de Breuil, de Ragecourt, de Gourzon, La Neuville à Bayard, de Bayard et de Ruetz, de Mayeux, de Vrainville, de Guindrecourt aux Forges, de Morancourt, de Mâthons, de Mussey, de Nomécourt, Ferrières, Rouvroy, d'Osne, Effincourt, de Bures, de Pencey, Saudron, Ribaucourt, Naudeville, Villiers aux Chesnes, Charmes la Grande, en Langle, d'Allichamps, de Laneuville au Pont, Humbécourt, Urville, Les Grandes Costes, Braucourt, Trois Fontaines la Ville, Sommeville, Monthaut le Haut, Chevillon, Villiers aux Bois, et le Chatelier deffendeurs d'autre part, et encore entre ledit seigneur duc de Guise demandeur en requérant le proiit de certain défaut d'une part contre dame Françoise d'Amboise, comtesse de Senighan, tant en son nom que comme tutrice et ayant la garde noble et administration des personne et biens du comte de Seinghan, son fils, frère Baptiste du Chastelet, commandeur de Thors, le commandeur de Ruetz, ses manants et habitants de Haillegnecourt défaillant. Vû par nous ledit arrest du 17 septembre dernier, la demande en exécution d'arret, défenses, répliques et dupliques, respectivement fournies tant par le dit seigneur duc de Guise que par ledit procureur général du roy ou ses substituts ez dit bailliage de Chaumont et prévost de Wassy et Andelot, les déclarations et consentements des dits procureurs de la ditte dame de Bourbon, dame douairière du dit Guise, habitans des dits lieux de Joinville, Vecqueville, Rupt, Chatonrupt, Breuil, Ragecourt, Gourzon, La Neuville à Bayard et Ruetz, Magneux, Vrainville et Guindrecourt, Sommermont, Bailly aux Forges, Morancourt, Mâthons, Mussey, Nomécourt, Ferrières, Rouvroy, Osne, Effincourt, Pensey, Bures, Sauldron, Ribaucourt, Vaudeville, Villiers aux Chesnes, Charmes la Grande, Charmes en Langle, Baudrecourt la Petite, Bettoncourt,

Sommeville, Montaut le Haut, Chevillon, les religieux, abbé et communauté de Saint Urbain, des habitants d'Eclaron, Ambrières, Allichamp, La Neuville au Pont, Humbécourt, Le Chatelier, Urville, Les Grandes Costes, Brancourt, Troisfontaines, Roches et Villiers aux Bois, les dittes demandes, deffenses, repliques et dupliques, déclarations et consentemens signés des dits procureur suivant notre ordonnance en deffauts par devant nous obtenus contre la ditte dame comtesse de Seingham es dits noms et les dits commandeurs de Thors et Ruetz, ensemble contre les manants et habitants de Moylain et Haillignicourt et tous ce que par les dittes parties a été mis par devers nous, le tout vû et diligemment considéré, nous avons dit et disons pour le regard du deffaut obtenu contre les dits habitants de avant que de procéder au jugement d'icelui qu'ils seront réadjournez par devant nous à la barre de la cour pour venir dire ce que bon leur semblera sur la requeste et conclusions du dit sieur demandeur, lequel fera apparoir au ressort du quel bailliage le dit village de Moylains est situé et assis et quand à la ditte dame de Senighan ez dits noms les commandeurs de Thors et Ruetz et habitants du dit Moylain que les dits deffauts ont été bien et dûment obtenus pour le profit desquels et faisant droit sur le tout ayant égard aux déclarations et consentemens faits tant par les dits procureurs du roy ez dits bailliages de Chaumont et prévotez de Wassy et Andelot, substituts du dit procureur général que par les procureur et coseigneurs et habitants des dits villages autres que les défaillants dessus nommés. Avons ordonné et ordonnons en exécutant ledit arrest que ledit procureur du roy substitut du dit procureur général auront acte de leur déclaration touchant le droit de qui par eux prétendu au dit Wassy sur aucuns dénommez ez dittes lettres d'érection sans préjudice néantmoins de la quelle déclaration les lettres patentes d'érection de la ditte principauté de Joinville reformées suivant le dit arrest du 7 septembre dernier passé, ensemble, y celui arrest avec la présente notre sentence seront levées et publiées ez siéges des bailliages de Chaumont, et prévostés de Wassy, et Andelot et principauté du dit Joinville, et aux siéges des Eaux et forests du dit bailliage de Chaumont ez jours et plaids et yceux tenant par le greffier ou son commis des dits lieux en la présence du premier bailly, lieutenans ou officiers tenant le siége, lesquels chacun à leur égard, à ce faire commettons et aux charges contenues audit arrêts, de laquelle publication sera fait enregistrée en chacun des lieux et baillera le dit demandeur dans deux mois copie du dit arrest au dictum dument collationné en la chambre des comptes à Paris, pour faire le receveur du dit Chaumont, comptable par chacun an de la somme portée par yceluy arrest, à la charge du dit sieur demandeur, lequel aussy dedans le dit temps fournira au greffe du dit bailliage de Chaumont autre copie authentique des partages faits des villages compris ez dittes lettres d'érection, depuis l'arrest interlocutoire donné sur ycelle auparavant communs entre luy et autres coseigneurs, et au surplus avons enjoint tant au dit procureur du Roy, substitut du dit procureur général, qu'aux dits coseigneurs et communautés présent et avenir, et chacun d'yceux à leur égard hormis toutes fois quand à présent, les dits habitants de   , de laisser et souffrir jouir le dit seigneur duc de Guise, prince de Joinville et ses successeurs en la ditte principauté, de l'effet et enterinement des dittes lettres d'érection selon le contenu au dit arrêt, avec deffenses de les troubler ou empêcher aucunement, sur peine de l'amende, et d'en être punis par la ditte cour comme infracteurs de son dit arrêt selon l'exigence du cas.

Donné au dit Joinville sous mon seing et seel, en présence de mon dit seigneur le duc de Guise comparant, par Me Ferry Carré son procureur, des dits substituts de mon dit sieur le procureur général du roy, en personne, de ma ditte dame la douairière de Guise, par M. Hugues Bugnot, et des dits par Me Claude Byard et des dittes communautez des dits villages, par Me Martin Derenusson respectivement procureur des dittes parties, le 20e jour d'octobre l'an 1558. Signé GRASSIN.

COPIE DE LA TRANSACTION

du 9 février 1665, concernant le droit de jurée.

Pardevant les nottaires au bailliage et principauté de Joinville, soussignés, furent présents en leurs persones, maître Henry Mauluet auocat en la cour, et comme procureur spécial de très haut, puissant, et très illustre princesse Mademoiselle Marie de Lorraine de Guise, au nom et comme tutrice de très haut, puissant, et très illustre prince, Monseigneur Joseph Louis de Lorraine, duc de Guise, de Joyeuse et d'Angoulême, prince de Joinville comte de Ponthieu, pair de France, son neveu, en vertu de la procuration passée pardevant Mauchon et Dupuis, nottaire au Chatelet de Paris, en date du 28 janvier 1665, qui sera insérée et attachée en bas des présentes, assisté de Nicolas Thomassin, bailly de la ditte principauté, M^tre^ André Fisseux, lieutenant, Arnoult Leseurre, gruyer, et Pierre Darsonval, controlleur, d'une part, et M^tre^ Simon Le Gendre, sieur de Beaumont, procureur syndic des habitants de la ville et fanbourgs au dit Joinville, Pierre Carita, et Pierre Thouastre, eschevins fondés de pouvoir spécial des dits habitans, portés en deux actes d'assemblées généralles d'iceux habitans, en date du 25 novembre 1664, assisté de M^tre^ Nicolas Cousin, conseiller du Roy, président au grenier à sel, Philippe Lalaure, Louis Prévost, Jean

Martin, Pierre Chevrier, François Bouquin, Nicolas Lecomte, Arnoult Piault, Simon La Laurre, Jean Paillette, et Charles Martin, tous conseillers de la ditte ville et faubourgs, et autres particuliers habitans soussignés d'autre part. Et reconnaissent les dittes parties, que les dits habitants ayant baillé requeste à l'altesse ma ditte Demoiselle, lorsquelle était en cette ville, ez mois d'octobre et de novembre 1663, tendants à ce qu'il luy plait les décharger des Bannalitez des fours et pressoirs du dit lieu, appartenant à mon dit seigneur, à charge d'établir un droit de jurée de chacun d'eux de 45 sols, tant riches que pauvres, pour l'indemnité des dittes banalitez, y compris les 12 sols 6 deniers de l'ancienne jurée, et ce pour chacun feu entier, et 1/2 pour 1/2 feu, à condition ainsy que le fond, corps et bastiment des dits pressoirs et fours, demeureront et appartiendront à mon dit seigneur, pour en disposer ainsy qu'il auisera bon être, aurait remis cette affaire au conseil de la tutelle de mon dit seigneur, lequel ayant trouvés cette proposition auantageuse pour mon dit seigneur, aussy bien que pour les dits habitans, aurait été d'auis d'accepter les offices et soumissions des dits habitans, amplement énoncées ez dits actes d'assemblées cy dessus datées, et pour ce sujet, sa ditte altesse au dit nom, suivant le dit avis ayant créé, constitué et estably le dit sieur Mauluet son procureur spécialle pour laditte procuration, ont les dittes parties au dit nom, fait le traitté qui en suit sauoir : que le dit sieur Maulouet au dit nom, a déchargé et décharge par les présentes, à l'avenir et pour toujours, les dits habitans de la dite ville et faubourg de Joinville, des banalitez des fours et pressoirs des dits lieux appartenant à mon dit seigneur, à commencer au 1er janvier de la présente année 1665, avec liberté de cuire leurs pains et pressurer leurs raisins, et aques ou bon leur semblera, et à cet effet construire des fours et des pressoirs, en leurs maisons, ainsy qu'ils verront bon être, et ce moyennant la somme de 45 sols pour chacun feu entier, et pour 1/2 feu 22 sols 6 deniers. Que les particuliers habitans de la ditte ville et faubourg présents et avenir, stipulans par les dits sieur procureur est eschevins, en vertu des dits pouvoirs, ont promis et se sont soumis payer par chacun an pour toujours à deux termes égaux, Saint Jean et Noël de chacune année, à mon dit seigneur tant riches que pauvres, sans exception d'aucunes, de quelque qualité et condition qu'ils soient, en cette somme comprise celle de 12 sols 6 deniers qui se payait par chacun feu entier, et moitié par 1/2 feu moyennant la ditte somme de 45 sols, ils demeureront déchargez, le tout sans préjudice du droit de petit four dû à Monseigneur par les boulangers et patissiers de la ditte ville et faubourg qu'ils payront outre les 45 sols à la réserve, aussy au profit de Monseigneur, et la propriété des dits fours et pressoirs, qui appartiennent et demeureront à mon dit seigneur, qu'il pourra affermer quand bon luy semblera, des charges des dites banalitez, au moyen de la dite augmentation du droit de jurée, le tout suivant et conformément aux offres des dits habitans, portés ez dits actes d'assemblées, qui seront inserrées et attachées au bas du présent contrat, avec la ditte procuration comme dit est, et sans préjudice aussy de pouvoir rétablir la dite banalitez, en cas que les dits habitans manquent de payer par chacun an le dit droit de jurée de 45 sols, auquel droit de bannalité les dits procureur syndic et eschevins se sont obligez et soumis aux dits noms, en ce cas comme ils étaient tenus de toutte ancienneté, et auant le dit contrat, ce qui sera néantmoins au choix et option de Monseigneur, ou de faire exécuter le contenu au présent contrat, promettant le dit sieur Mauluet au dit nom, tenir entretenir ce que dessus, et le faire ratifier en vertu de la ditte procuration, et conformément à jcelle s'il en est besoin, su peyne, etc. Et les dits particuliers habitans stipulant par les dits sieurs syndics et eschevins comme dit est, bien payer la ditte somme de 45 sols par chacun an pour feu entier, et 22 sols 6 deniers pour 1/2 feu sur peine, etc., obligent les biens des dits habitans présents et avenir. Fait et passez au dit Joinville ez maisons des dits nottaires, après midy le 9e jour du mois de féurier 1665, ce que dessus relû, et se sont les parties soussignez à la minutte des présentes demeurée vers Bertrand nottaire.

Et plus bas :

La présente collation a été faitte à la grosse originalle d'ycelle, et à l'instant rendüe au porteur par nous nottaire au bailliage de Joinville y demeurant, soussignez, ce jourd'huy 28 novembre 1682. Signé, REGNIER nottaire, et MANCHE nottaire.

(*Archives de l'hôtel-de-ville.*)

LETTRES DE CONFIRMATION

de la Principauté de Joinville, en faveur du duc d'Orléans.

Louis, par la grâce de Dieu, roy de France et de Navarre, à ceux présents et à venir, salut : Notre très cher et très amé neveu et petit-fils de France, le duc d'Orléans, nous a représenté que le roy Henry II avoit, par ses lettres patentes du mois d'avril 1551, registrées en notre Cour de Parlement, à Paris, le neuvième may 1552, créé et érigé la baronnie de Joinville avec ses appartenances et annexes en titre, nom, dignité et qualité de principauté, avec le titre et nom anciens de sénéchal hérédital de Champagne, en faveur de François de Lorraine, duc de Guise, pair et grand Chambellan de France, marquis de Mayenne, seigneur et baron dud. Joinville, Eclaron, Roches, Doulevant-le-Chatel et Sailly, sénéchal hérédital de Champagne, gouverneur et lieutenant-général des pays de Dauphiné, Saluces et Savoye, pour par lui ses hoirs successeurs et ayant cause en jouir esd. noms, titre, qualité et dignité de principauté à la charge que ceux qui la possèderont seront tenus et obligés de porter le nom de Prince de Joinville et les armes desd. ducs de Guise, tout ainsi qu'il est plus amplement expliqué par lesd. lettres ; que lad. principauté seroit eschue aux successeurs dud. François de Lorraine et par le défaut de mâles de la maison et branche de

Guise, à nostre cousine Marie de Lorraine, duchesse de Guise, à laquelle notre très chère et très amée cousine Anne-Marie-Louise d'Orléans, duchesse de Montpensier, sa nièce et héritière des propres maternels, a succédé, dans lesquels propres se sont donnés les deux tiers de lad. principauté de Joinville et annexes francs et quittes de dettes passives, de notred. Cour de Parlement à Paris, du 13 avril 1696, rendu entre notre très cher et très amé frère unique duc d'Orléans, légataire universel de nostred. cousine la duchesse de Montpensier, et les autres héritiers et légataires de nostre dite cousine la duchesse de Guise, lesquels par une transaction contenant un compte du 18 avril 1710 ont délaissé à notred. frère unique entre autres biens, lad. principauté de Joinville et ses annexes qui, par le décès de notred. frère, ont passé à notred. neveu le duc d'Orléans, son fils et héritier, qui a possédé lad. principauté jusqu'à présent et les officiers qui y sont établis exercé leurs fonctions, la justice ordinaire, grurie et eaux et forêts, conformément auxd. lettres. Mais comme il s'est écoulé un temps considérable et qu'il est arrivé aussi différents changements depuis lad. érection, notre neveu qui désire assurer cette possession de plus en plus, nous a supplié de lui accorder nos lettres de confirmation aud. titre et dignité de principauté et sénéchal hérédital de Champagne et des droits et prérogatives contenues dans lesd. lettres, tant pour luy que pour ses successeurs et la juridiction par ses officiers, conformément à icelles.

Pour ces causes et autres grandes considérations à ce nous mouvans, voulant donner à notred. neveu des marques de notre amitié et de notre bienveillance; de notre grâce spéciale, pleine puissance et autorité royale, Nous avons confirmé, autorisé et approuvé et par ces présentes signéez de notre main, confirmons, autorisons et approuvons en sa faveur, l'érection faite au mois d'avril 1551 de lad. terre et baronnie de Joinville, avec ses apartenances et annexes, en titre, nom et qualité de principauté, avec le titre et nom ancien de sénéchal héréditai de Champagne, pour en jouir par notred. neveu, ses hoirs successeurs et ayant cause, tant mâles que femelles, aux honneurs, dignités, privilèges, droits, rangs, prérogatives et prééminences tels et semblables dont notred. feu frère unique, notred. cousine la duchesse de Montpensier et leurs prédécesseurs en lad. principauté ont joui ou dû jouir, comme aussi que les officiers qui sont ou seront cy-après établis par notred. neveu, ses successeurs et ayans cause dans la justice ordinaire, grurie, eaux et forêts et autres juridictions, jouiront de toutes leurs fonctions portées par lesd. lettres du mois d'avril 1551, dont copie est cy attachée avec l'arrest d'enregistrement et autres pièces sous le contrescel de notre chancellerie, et tout ainsi que si notred. feu frère unique, ses hoirs, successeurs et ayant cause, mâles et femelles, y étoient venus par droit de succession.

Et pour d'autant plus favoriser notred. neveu, nous avons de notre même grâce et autorité que dessus, de nouveau en tant que besoin est ou seroit, créé, décoré et érigé, créons, décorons et érigeons en titre, nom et qualité de principauté, avec le titre et nom ancien de sénéchal héréditai de Champagne lad. terre et baronnie de Joinville et annexes en faveur de notred. neveu, ses hoirs successeurs et ayant cause tant mâles que femelles et avec tous droits de justice ordinaire, grurie, eaux et forêts et autres juridictions ci-dessus énoncées ; et d'autant que par les susd. lettres du mois d'avril 1551 il est marqué que ceux qui jouiront de lad. principauté seront tenus de porter les armes dud. feu duc de Guise, nous avons bien voulu dispenser, comme nous dispensons par cesd. présentes nostred. neveu et ses successeurs de porter lesdites armes de Guise, dérogeant à cet effet auxd.

lettres du mois d'avril 1551, pour ce regard seulement, et sans tirer à conséquence.

Si donnons en mandement à nos amez féaux conseillers, les gens tenans nôtre Cour de Parlement à Paris, et a tous autres nos officiers et justiciers qu'il appartiendra, que ces présentes ils ayent à faire registrer, et du contenu en ycelles faire jouir et user notre dit neveu, ses hoirs, successeurs et ayant cause, pleinement, paisiblement et perpétuellement cessant et faisant cesser tous troubles et empêchemens nonobstant tous édits, statuts, ordonnances, déclarations, arrêts et règlements à ce contraires, auxquels et aux dérogatoires y contenu, nous avons dérogé et dérogeons par ces présentes, pour ce regard, sentenses et sans tirer à conséquence. Car tel est notre plaisir, et afin que ce soit chose ferme stable à toujours, nous avons fait mettre notre scel à ces dittes présentes, sauf en autres choses notre droit et l'autruy en toutes.

Donné à Marly au mois de may, l'an de grace 1714, et de notre règne le 71e signé LOUIS, sur le reply, par le roy, COLBERT, visa PHILIPPE, pour confirmation du titre de la principauté de Joinville, signé COLBERT, et scellé et contre scellé du grand sceau de cire verte en lacs de soye rouge et verte.

Registrées oui le procureur général du roy, pour jouir par Monseigr le duc d'Orléans, ses hoirs successeurs et aïant cause, tant mâles que femelles, de leur effet et contenues, et être exécutés selon leur forme et teneur suivant l'arrêt de ce jour.

A Paris en parlement le 21 jour de janvier 1715. Signé DOUGOIS.

TERRIER

Contenant les charges et priviléges de la ville de Joinville (1).

Ce jourd'huy 5 mai 1754, 2 heures après midy, pardevant nous, François-Henry Dosne, nottaire au bailliage de Joinville, demeurant en cette ville, et commissaire nommé pour cette partie, par Son Altesse Sérénissime Monseigneur Louis Philippe d'Orléans, duc d'Orléans, premier prince du sang et prince de Joinville, suivant un résultat du conseil de sa dite Altesse Sérénissime du 24 may de l'année dernière, assisté de Me Antoine Nicolas Collouet, aussy nottaire en ce bailliage à la résidence de Joinville.

En présence de Me Claude Simon de Bémont, avocat et procureur général fiscal, tant au bailliage qu'en la grurie de cette ville, et procureur du Roy, de l'hôtel de ville du dit Joinville, au nom et comme fondé de la procuration de la dite Altesse Sérénissime, du 11 juillet 1752, à l'effet des présentes;

Sont comparus, dans une assemblée générale convoquée le jour d'hier en la manière ordinaire, et tenue par Jacques Faypoult, écuyer, bailli de la principauté de Joinville :

Messieurs les officiers de l'hôtel de ville, sçavoir :

Me Jean Pierre Dupuget, avocat en Parlement, et premier échevin;

(1) Archives de la ville.

Le sieur Pierre Marchand, marchand de draps et second échevin ;

Le sieur Louis Maulgué de Cerny, bourgeois de cette ville, et troisième échevin ;

Le sieur Joseph Coutenot, orphèvre, et receveur des deniers patrimoniaux;

Et le sieur Charles Didier, secrétaire du dit hôtel de ville;

Ensemble les ecclésiastiques, officiers des différentes juridictions, bourgeois nobles, et ceux qui vivent noblement, avocats, nottaires, capitaines et lieutenants de bourgeoisie, marchands, bourgeois, députés, et autres de différents métiers et professions, sçavoir :

Me François Pastot, lieutenant général au dit bailliage ;

Me Henry Haste, substitut du procureur général fiscal ;

Me Antoine Leclerc de Fredeau, écuyer, ancien bailli de Joinville ;

Me Jean Paquot, chanoine de l'église collégiale du château de cette ville ;

Me Nicolas Collot, prêtre, chapelain de l'église paroissiale ;

Pierre Sauvage, Jean Pierre Dupuget, Pierre Paillette, et François Girardin; tous avocats en Parlement et au bailliage de cette ville ;

Me Charles Aubry, major de la bourgeoisie et officier au grenier à sel de Joinville ;

Me Bertrand de Beaumont, conseiller du roy, receveur des tailles, de l'élection de cette ville ;

Me Pierre Joseph Denayer, receveur des traites et gabelles de Joinville ;

M. Louis Motterat de Charmont, président de ladite élection ;

Le Large Elû ;

M. Louis Cornet, greffier en chef de cette même élection ;

De Valdruche, docteur en médecine et médecin de Son Altesse le duc d'Orléans;

Le sieur Myon, chirurgien major;

Le sieur Claude Regnier, greffier des bailliage et grurie.

Le sieur Darécourt de la Motte, arpenteur;

Le sieur Michel Rousselet, orphèvre et capitaine de la compagnie de la ville;

Le sieur Henri Duvaux, marchand mercier et lieutenant.

6 notables bourgeois députés par cette compagnie :

Sieurs Claude Durollet, maître perruquier;
François Lepage, marchand mercier;
André Tanret, aubergiste;
Jean-Baptiste Geoffroy, maître boulanger;
Joseph Le Seurre, sellier;
Jaques Le Deschault, marchand bonnetier.

Le sieur Louis Maulqué, échevin et capitaine de la compagnie de la Fontaine;

Le sieur Claude Lucot, marchand, lieutenant.

6 notables bourgeois envoyés par cette compagnie :

François Ginot, marchand cirier;
Ch. Ginot, maître boucher;
An. Le Clerc, maître maçon;
Dominique François Bouquot, chapelier;
Louis Soret, coutelier;
Antoine Dauvergne, cordonnier.

Le sieur Jean Jérémie Dalle, marchand de draps, capitaine de la compagnie des Royaux;

Joseph Collin, commissaire de police, lieutenant.

6 notables bourgeois, députés par la compagnie :

Les sieurs Robert Lebeuf, tailleur d'habits;

Sébastien Petitjean, marchand ;
François Perrin, perruquier ;
Nicolas Rollet, cordonnier ;
François-Antoine Geoffroy, cordonnier ;
Jacq. Houllot, menuisier.

Le sieur Pierre Marchant, 2e échevin, capitaine de la compagnie du Val Roy ;

Le sieur Pierre Colas, aubergiste, lieutenant.

6 notables :

Les sieurs Jean Royer, aubergiste ;
Jean Baptiste Louis, marchand aubergiste ;
Joseph Louis Liégeois, vitrier ;
Louis Grodart, manouvrier ;
François Yard, cordonnier ;
Jacques Leclerc, tisserand.

Pierre Le Déchaut, marchand de fer, capitaine de la compagnie du faubourg de Lorraine ;

Didier Hébert, marchand mercier, lieutenant ;

6 principaux habitants de ce quartier :

François Guillier, architecte ;
Nicolas Dosne, cultivateur ;
Jean Baptiste Petitjean, fermier des moulins banaux de la ville ;
Thomas Lecomte, cabaretier ;
Antoine Crépin, maître serrurier ;
Louis Larmet, menuisier ;

Joseph Rollet, bourgeois, capitaine de la compagnie du faubourg des Royaux ;

Antoine Charles, huissier, lieutenant.

6 notables :

Joseph Fleuret, charpentier ;

Charles Colombé, marchand drapier ;
J. François Sauvage, bourgeois ;
Hugues Jacquemin, laboureur ;
Joseph Geoffroy, boulanger ;
Antoine Nicolas Gayat, cordier.

Et autres principaux habitants, savoir :

Nicolas Chauvet, marchand bonnetier ;
François Collin, laboureur ;
Louis Fleuret, charpentier ;
Joseph Paillette, marchand tanneur ;
Joseph Nicolas Olivier, bonnetier ;
Claude Collin, laboureur ;
Joseph Passerat, couvreur ;
Jean Baptiste Monnoyer, imprimeur ;
Pierre Dalle, marchand ;
Louis Rigault, bourgeois ;
Antoine Geoffroy, huissier royal.

Lesquels officiers et habitans ont dit, qu'ils sçavent que sa ditte Altesse Sérénissime a, le 16 juin 1752, obtenu de Sa Majesté des lettres patentes pour la rénovation du terrier de la principauté de Joinville, que les lettres patentes ont été registrées au bailliage de cette ville le 1er septembre suivant, publiées et notifiées aux habitants de cette ville par trois dimanches consécutifs, à l'issue de la messe paroissiale, suivant les procès verbaux de Geoffroy, huissier royal audiencier au grenier à sel de cette ville, des 17 et 24 du mesme mois de septembre, dûment controllés, que pour satisfaire de leur part à ces lettres patentes, et passer en conséquence leur déclaration au terrier de Joinville, les officiers municipaux et les principaux habitans n'ont rien obsmis pour s'instruire exactement et des droits de sa ditte A. S.

dans la ville et faubourg de Joinville, et de ceux qui appartiennent à cette mesme ville, qu'a cet effet ils ont examiné avec soin les chartres, titres, registres et comptes des archives de l'hôtel de ville, comme aussy tous les aveux, dénombrements et terriers de la principauté de Joinville, qui leur ont été donnés en communication, et surtout les chartres, de 1258 et de 1524, qui établissent la plupart des dits droits. De sorte que suffisamment instruits de tous les objets qui doivent composer leur déclaration, ils nous ont requis de la recevoir dans cette assemblée généralle a quoy inclinant les dits eschevins, anciens officiers de l'hotel de ville, officiers de judicature, bourgeois, nobles et ceux qui vivent noblement, avocats, nottaires, capitaines et lieutenants de bourgeoisie, marchands et autres bourgeois de différents mettiers et professions, nous ont unanimement déclaré par le ministère de mondit seigneur le bailly, président de l'assemblée généralle :

Art. 1er. Que Joinville auoit autrefois le titre de baronie, que cette baronie fut érigée en principauté en faveur de François de Lorraine, duc de Guise, par édit d'Henry second, donné à Joinville au mois d'avril 1551, registré en Parlement le 9 mai 1552, vériffié par arrêt du 7 septembre 1558, et confirmé par lettres patentes de 1714, registrées en Parlement le 21 janvier 1715.

Que cette principauté appartient à S. A. Se Mgr Louis Philippe d'Orléans, duc d'Orléans, et premier prince du sang.

Art. 2. Que, comme prince de Joinville, Sad. Al. S. a la haute, moyenne et basse justice, tant dans la ville, faubourgs et arrières faubourgs de Joinville que dans toute l'étendue du finage de cette ville, qui est le chef lieu de la principauté (1).

---

(1) « La justice seigneuriale se divisait en deux degrés, haute et basse justice. Toutes deux étaient du ressort du seigneur de trois châtelleries et d'une ville close, ayant droit de marches, de péage, de lige estage,

Art. 3. Que pour l'exercice de la justice, Sa dite A. S. n'a dans cette ville que deux sortes de tribunaux, un bailliage et une grurie.

Art. 4. Que le bailliage est composé d'un bailly, d'un lieutenant général, d'un procureur général fiscal, d'un avocat général fiscal, d'un substitut du procureur général fiscal, de plusieurs avocats qui, à deffaut de procureur postulant en ce siége, d'un greffier, de deux sergens audienciers, et d'autres ministres de justice.

Art. 5. Que les différents lieux qui composent le bailliage de cette ville sont : Joinville et la ferme du Haut-Chêne, Vecqueville et la ferme de Sossas, Chatonrupt et la ferme de la Grange au Bois, Breuil, Ragecourt, Gourzon, La Neuville a Bayard, Bayard, Ruetz, Sommeville, Chevillon et la ferme de Lalandre, Osne, le Val d'Osne, Effincourt, Panseÿ, en partie, Saudron,

---

c'est-à-dire du seigneur qui pouvait obliger les vassaux à faire la garde de son chastel.

» La procédure civile et criminelle se réglait sur l'état des personnes. L'assignation avait un terme de quinze jours. Les preuves étaient au nombre de huit, parmi lesquelles figurait le combat judiciaire.

» La déposition des témoins devait être secrète. L'appel aux justices royales était permis, non de droit, mais de doléance.

» La sentence se prononçait par la bouche de certains jurés, nommés jugeurs. Ces jugeurs ne pouvaient être tirés de la classe des vilains et coutumiers.

» La maison d'un homme assassin ou voleur était rasée, ses blés ravagés, ses foins incendiés, ses vignes arrachées ; on ne coupait pas ses arbres, on les dépouillait de leur écorce.

» Tuer un homme, ravir une femme, trahir son seigneur et son pays, ne constituait pas un plus grand crime aux yeux de la loi que de voler un cheval ou une jument.

Le prisonnier, même innocent, était pendu quand il forçait la porte

15

Bures, Ribaucourt, Magneux, Guindrecourt, Sommermont, Nomécourt et la ferme de Malnuit, Mâthons en partie et la ferme des Bonshommes, Morancourt en partie, Baudrecourt la Petite, Charmes la Grande, Charmes la Petite, Charmes la Chapelle, Montaut le Haut, près Leschères, Ferrières, le hameau de La Folie, Mussey en partie, Rouvroy en partie, et la ferme du Haut-Bois, Rupt et la ferme de la Gattire.

Art. 6. Que dans toute l'étendue de cette ville, ainsy que dans tous les villages, hameaux et lieux qui composent le bailliage de Joinville, le bailly connaît seul en première instance de toutes sortes d'affaires civiles, criminelles et de police.

Art. 7. Qu'il a seul en première instance, dans toute l'étendue de la principauté, et à l'exclusion des prévots, la connaissance de tous les cas des nobles et des ecclésiastiques, l'édit d'érection de Joinville en principauté n'exceptant, en faveur du bailliage de Chaumont, que les seuls cas royaux et privilégiez.

---

de sa prison. L'hérétique, le sorcier étaient jetés aux fagots. Si une bête rétive et méchante tuait une femme ou un homme, et que le propriétaire de cette bête avouât l'avoir connue vicieuse, on le pendait ; la bête était quelquefois attachée auprès de son maître.

» Pendant plusieurs siècles, les magistrats ne reçurent ni présents, ni visites, ni lettres, ni messages, relativement aux procès. Il leur était défendu de boire et de manger avec les plaideurs ; on ne leur pouvait parler qu'à l'audience ; le commerce leur était interdit ; ils ne paraissaient jamais à la cour que par ordre du roi. La justice fut d'abord gratuite ; les conseillers au Parlement recevaient cinq sols parisis par jour, le premier président 1,000 livres par an, les trois autres présidents 500 livres ; on y ajoutait un manteau d'hiver et un manteau d'été. Il fallait trente ans d'exercice pour obtenir, à titre de pension, la continuation d'un si modique traitement. Lorsque ces magistrats n'étaient point de service, ils n'étaient point payés et retournaient enseigner le droit dans leurs écoles.»

(CHATEAUBRIAND).

Art. 8. Qu'il connaît seul en première instance et à l'exclusion des prévots, de touttes les affaires qui peuvent concerner le domaine de Sa ditte Altesse.

Art. 9. Que dans tous les villages et hameaux qui dépendent du bailliage de Joinville, le bailly ne connaît en première instance que par prévention seulement, des petites causes de police qui n'excèdent pas 60 sols, et si ces causes sont jugiées par les maires des lieux, le bailly en connaît par appel.

Art. 10. Que le bailli connait par appel de touttes les affaires causes, instances et procès des 4 prévotez qui dépendent de la principauté.

Art. 11. Que ces 4 prévotez sont : Eclaron, Roches, Doulvant et Sailly.

Art. 12. Que les lieux qui forment la prévoté d'Eclaron sont : Eclaron, Allichamp, Braucourt, Humbécourt, La Neuville au Pont, Le Chastelier, Les Costes, Moëlain en partie.

Art. 13. Que les villages qui composent la prévosté de Roches, sont : Roches, Urville, Troisfontaines la Ville, Villiers aux Bois.

Art. 14. Que la prévosté de Doulvant n'est composée que du bourg de Doulvant, de la ferme de Montonval et du village de Villiers aux Chesnes.

Art. 15. Que la prévosté de Sailly est composée des deux villages de Sailly et de Bettoncourt.

Art. 16. Que le bailly connaît encore par appel des causes et procès des villages de Vaudeville, de Vrainville et de Curel.

Art. 17. Que tous les ans, le premier jeudy d'après la Pentecoste, le bailly de Joinville tient ses assises générales en l'auditoire de cette ville, où doivent se trouver, à peine d'amende, tous les officiers et ministres de justice qui dépendent de la juridiction du bailliage et de tous les lieux qui relèvent par apel en ce même bailliage, ensemble tous les maires, leurs lieutenants, substituts et syndics des bailliages, mesme tous les fermiers du domaine de Sa ditte A. S. de toutte l'étendüe de la principauté de Joinville.

Art. 18. Que pour marque de la ditte justice, il y a près la ville, et sur le lieu le plus éminent, des fourches patibulaires, autrefois à 4 pilliers de pierres, et dont il n'en existe plus que deux (1).

Art. 19. Que le tribunal de la grurie de cette ville est composé d'un gruyer, d'un lieutenant, d'un procureur fiscal, d'un substitut du procureur fiscal, d'un garde marteau, d'un greffier, d'un garde général et d'autres gardes de forêts, de chasses et de rivières.

Art. 20. Que le gruyer a connaissance, cour et juridiction des délits qui se commettent dans les eaux et forêts, bois, pastis et usages situés dans l'étendue de la grurie de Joinville sans que les juges réformateurs, ny enquesteurs des eaux et forêts du Roy en puissent prendre ni avoir aucune connaissance, s'il n'y avoit quelque droit qui particulièrement ou en communité apartint à Sa Majesté les dits bois et forêts. (*Lettres de confirmation de 1714.*)

Art. 21. Que tous les ans, le 1er mercredy d'après la Saint Martin, le gruyer tient ses assises généralles en l'Auditoire de cette ville, où doivent se trouver à peine d'amende, tous les officiers et ministres de justice qui dépendent de la dite grurie, et doit, chaque sindic, de communauté a Sa dite Al. S. un droit de réformation tel qu'il a été désigné en 1602.

Art. 22. Qu'avant la levée des officiers municipaux royaux

(1) « A la porte de chaque chef-lieu de seigneuries, s'élevait un gibet composé de 4 piliers de pierres, d'où pendaient des squelettes cliquetants. » (CHATEAUBRIAND.)

créés par édit, les habitans de cette ville étaient en droit d'élire annuellement, le jour de la S. Martin, dans une assemblée généralle, 9 notables bourgeois que la ville présentait à S. A. S. pour être par elle fait choix de ceux qui devaient exercer les charges de procureur de ville et d'échevins.

Art. 23. Que les procureurs de ville et échevins, au nombre de 3, avaient différentes fonctions, qu'ils connaissaient des affaires communes de la ville qui pouvaient avoir relation soit au Roy comme logement de gens de guerre ou autrement, soit à Sa dite A. S. pour raison des droits de son domaine. (*Chartre de Claude, 1524.*)

Art. 24. Que dans le cas de contestation entre les habitans de cette ville et de voisin à voisin, au sujet du deffaut de chanlatte ou de diminution de murs, de parrois ou d'entreprise d'égouts ou d'autre chose, le procureur de ville et les échevins pouvaient, s'ils en étaient requis, se transporter sur les lieux, soit dans la ville soit dans l'étendue du finage et y juger la contestation, ou la renvoyer au juge ordinaire, et dans le cas du jugement le bailly en connaissait par appel.

Art. 25. Que les procureurs de ville et échevins avaient droit de marquer touttes les mesures aux habitans de la ville et des faubourgs de Joinville, et d'avoir en conséquence la garde des mesures, qu'ils pourraient pareillement visitter les boissons et les harangs qui se vendaient dans la ville, comme aussy faire visitte chez les boulangers et les bouchers, et en cas de contravention et d'abus, d'en faire leur rapport par devant le bailly.

Art. 26. Que feu S. A. S. ayant jugé à propos d'acquérir plusieurs de ses offices municipaux, elle n'a composé l'hôtel de ville que de pareils nombre d'officiers, que celuy qui existait avant l'édit de création, et ensuite nommé par commission un maire royal, 3 échevins et 1 procureur du Roy, et pour prévenir toutte contestation entre les officiers du bailliage et eux, Sa dite Altesse S. a pris la peine de faire régler sur les anciennes chartres, les fonctions, droits, honneurs, rangs et prérogatives respectifs ainsy qu'ils sont détaillés dans un règlement du 20 may 1749.

Art. 27. Qu'il appartenait à Sa ditte A. S. un droit de deffaut, qui était tel, que celuy qui, assigné devant le bailly, faisait deffaut, devait une amende de 12 deniers, et sy après contestation il ne comparaissait plus, l'amende de ce deffaut était de 5 sols, une cause délaissée sans contestation devait égallement 12 deniers, et après contestation 5 sols.

En la grurie de Joinville, le droit de deffaut était toujours de 5 sols avant ou après contestation.

Ce droit de deffaut depuis très longtemps n'existe plus, non plus que le droit de gros et menus exploits, qui appartenait égallement à Sa dite Altesse Sérénissime.

Art. 28. Qu'il apartient à Sa dite Altesse Sérénissime comme ayant la haute, moyenne et basse justice, générallement toutes les amendes de quelque espèce qu'elles soient, et à quelques sommes qu'elles puissent monter.

Art. 29. Qu'il appartient à Monseigneur, comme prince de Joinville, un droit de tabellionnage qui est tel, que le tabellion de S. A. a seul le droit et à l'exclusion des nottaires, de délivrer aux parties, lorsqu'elles le requièrent, des grosses en forme exécutoire avec aposition du scel du bailliage, des actes et contrats des nottaires de la principauté de Joinville.

Art. 30. Qu'il appartient à Son Altesse S. l'office de receveur des consignations des justices royales de Joinville et des justices seigneuriales et subalternes, qui ressortissent au bailliage de cette ville, ensemble l'office de commissaire aux saisies réelles de ces mesmes justices, le tout aux droits et émoluments fixés par les édits et déclarations du Roy, arrêts et règlements rendus en conséquence.

Art. 31. Qu'il est dû un droit de guet pour la garde du chateau et pour celle de la ville et forteresse de Joinville par différents villages, sçavoir : Pour la garde du chateau : Vecqueville, 3 hommes pour 24 heures; Sommermont, 1 homme ; Nomécour, 3 hommes; Guindrecourt, 1 homme; La Neuville à Bayard, 1 homme; Morancourt, 3 hommes ; Mâthons, 1 homme. Pour la garde et forteresse de Joinville : Rupt, 1 homme pour 24 heures ; Osne, 2 hommes ; Sommeville, 1 homme ; Breuil, 2 hommes ; Ragecourt, 1 homme; Chatonrupt, 2 hommes ; Autigny le Grand, 2 hommes; Autigny le Petit, 1 homme ; Curel, 1 homme; Ferrières, 1 homme ; Montreuil, 1 homme pour 12 heures.

Art. 32. Qu'aucun étranger ne peut être reçu ni s'établir dans la ville de Joinville sans le congé ou la permission de Sa ditte Altesse Sérénissime ou de ses officiers.

Art. 33. Qu'il y a deux foires par an, qui se tiennent, l'une le jour de S. Laurent, dix du mois d'aout, et l'autre le jour de S. Luc, 18 du mois d'octobre, et les marchés se tiennent sur la place publique, le mardy de chaque semaine.

Art. 34. Qu'il appartient à S. A. S. un droit de jurée ou de bourgeoisie ; que le produit de ce droit a essuyé différentes révolutions à différentes époques, qu'il a été fixé le 9 février 1665 à 45 sols par chaque ménage entier et à 22 sols 6 deniers par 1/2 ménage (1). Ce droit payable annuellement en 2 termes égaux aux fêtes de S. Jean Baptiste et de Noël par tous les ha-

(1) En 1558, la livre valait 18 livres 4 sols 11 deniers ; en 1315, elle valait 17 livres 3 sols 7 deniers. En 1524, à cause de la découverte de l'Amérique, la livre ne valait plus que 3 livres 11 souls 2 deniers.

bitans, tant riches que pauvres et sans exceptions d'aucunes, de quelque qualité et condition qu'ils soient (1).

Art. 35. Que tous les propriétaires forains d'héritages scitués dans l'étendüe du finage de Joinville doiuent par chacun an 5 sols payables au terme de Noël à péine d'amende.

Art 36. Qu'il est dû à S. A. S. un droit de petit four qui est tel que chaque boulanger et chaque patissier tant de la ville que des faubourgs de Joinville doit par chacun an 30 sols, à la recette de Sa dite A. S.

Art. 37. Que les moulins à grains, au nombre de 3, scitués en cette ville sur le canal de la rivière de Marne, sont bannaux, et qu'en conséquence tous les habitants de Joinville sans aucune exception, ainsy que ceux des villages de Vecqueville, de Sommermont, de Rupt et de Nomécourt, doivent à peine de 3 livres d'amende et de confiscation des sacs et des farines, faire moudre aux dits moulins de Joinville tous leurs grains et en payer au fermier de Son A. S. pour droit de mouture la 24e partie en grains.

Art. 38. Que le moulin servant à fouler la draperie et les

---

(1) Chartre de 1258. Ce droit est de 6 deniers par livre, de la valeur des meubles, et de 12 deniers aussy par livre du revenu des héritages.

Chartre de 1325. Anselme convertit ce droit en une redevance annuelle de 200 livres à lever sur les héritages des habitants.

En 1490, ce droit est de 400 livres de revenus annuels. (Ordonnance du baron de Joinville, au bas d'une requête qui lui fut présentée par les habitants de Joinville.)

En 1557, ce même droit est, par jugement contradictoire rendu en la Table de Marbre à Paris, entre François de Lorraine et les habitants, converti en une redevance annuelle de 12 sols 6 deniers par ménage entier, et en 6 sols 3 deniers par demi ménage.

1665, 9 février. Transaction concernant le droit de jurée, acte passé devant Bertrand et son collègue, nottaires à Joinville. (Voir cette pièce.)

bas, et le moulin à piller l'écorce, sont également bannaux, qu'en conséquence tous les drapiers, bonnetiers et tanneurs doivent y porter leurs draps, boges, bas et écorces à peine d'amende et de confiscation des marchandises; que pour le droit du moulin à draperies apelé en cette ville le Foulon, il est dû pour chaque augée de bonneteries 21 sols et pour chaque augée de draperies 18 sols.

Et pour le droit du moulin à écorce, apellé ordinairement les Mailles, il est dû par les tanneurs 8 sols pour chaque sac de tan du poids de 110 livres.

Art. 39. Qu'il appartient à S. A. S. en cette ville de Joinville un droit de rouage, péage et passage qui consiste en deux sols par chaque charriot chargé d'œuvre de poids, c'est-à-dire de marchandises qui se pèsent, comme le fer, la laine, le sucre, le chanvre, le fil, etc., et en 12 deniers par chaque charrette chargée de ces marchandises qui se vendent au poids, et par chaque chariot chargé de marchandises qui ne se pèsent pas, 4 deniers, et par charette 2 deniers.

Par 12e de bestes à pied fourché, 4 deniers, et si la 12e n'est pas complette, il est dû un denier par chacune teste. Ce droit payable sçavoir : comptant par l'étranger, et dans le délai de 8 jours par celui qui demeure dans la principauté de Joinville, le tout à peine de 13 liures d'amendes.

Art. 40. Qu'il est dû à S. A. S. un droit de vente, qui est tel, que du prix de toutes marchandises vendues en cette ville, à quelque jour que ce puisse être, il est dû 4 deniers par chaque liure, payable comptant par le vendeur, à peine de 60 sols d'amende duquel droit sont francs et exempts tous les habitans de cette ville.

Art. 41. Qu'il est du à S. A. S. un droit apellé Grand Rang des Cordonniers, qui est tel que tout forain qui vend en détail en cette ville, ou du cuir ou des souliers, doit par chaque fois 8 deniers, et s'il vend du cuir en gros, le droit de grand rang est de 4 deniers par liure du prix de la vente, payables comptant à peine de soixante sols.

Art. 42. Qu'il appartient à S. A. S. un droit sur la vente des bestes vives, qui est tel, que tout forain, qui vend en cette ville beste vive de quelque espèce qu'elle soit, doit à Sa ditte Alt. ou à ses fermiers, 4 deniers par liure du prix de la vente, payables comptant, à peine de 60 sols d'amende.

Art. 43. Qu'il appartient pareillement à Sa ditte A. S. un droit de mercerie, qui est tel, que celuy qui étalle et vend mercerie en la halle ou place de cette ville, doit deniers par chacune foire qu'il étalle, que ce meme droit est dû par les cordonniers et tanneurs de cette ville lorsqu'ils étallent sous la halle ou en la ditte place. Ce droit payable comptant à peine de 60 sols d'amende,

Art. 44. Que les droits de hallage et de boisselage appartiennent au prince ; que ce droit de hallage est dû pour la permission d'étaller sous la halle et consiste suivant l'usage et la possession en une somme de 30 sols par an, par chaque marchand qui, étallant habituellement sous la halle pendant le cours de l'année, se fournit de bancs ou d'étau, et en une somme de 45 sols si le fermier de S. A. S. fournit le banc ou l'étau. Et en outre, en 18 deniers par chaque fois qu'un marchand vient extraordinairement étaller sous la halle, indépendamment de la fourniture du banc, pour laquelle on paie suivant l'usage 2 sols 6 deniers (1).

Le boisselage est le droit de mesurer avec des boisseaux ajustés

---

(1) Procès verbal du 29 janvier 1686, bailly de Joinville.

et étalonnés tous les grains qui se vendent sous la halle, et pour le droit de boisselage il n'est dû qu'un denier par chaque boisseau.

Art. 45. Que S. A. S. a sous la halle de cette ville, des poids et balances publics, où doivent être pesées généralement toutes les marchandises, qu'il convient de faire peser en gros dans la ville et faubourgs de Joinville, sans pouvoir être aucunes marchandises pesées ailleurs, sans la permission de Sa ditte A. S. ou de ses fermiers, et pour le droit de peser il est dû 4 deniers par chaque cent pesant suivant l'usage pratiqué dans tous temps.

Art. 46. Qu'il appartient à Sa ditte A. S. une boucherie publique, située en cette ville, vis à vis la halle, où doivent être exposées en vente généralement touttes les viandes des bestiaux que tuent les bouchers de la ville et des faubourgs de Joinville, sans qu'ils puissent les étaller ni les vendre ailleurs, qu'en la ditte boucherie les bouchers doivent à la recette de S. A. S., et ce sollidairement, pour droit de boucherie, une somme de 110 liures par an, suivant des chartres et la plus ancienne possession.

Art. 47. Que, outre le droit de faire marquer les poids et mesures, il appartenait encore au prince, tant dans la ville et faubourgs de Joinville que dans l'étendue de la principauté, même des fiefs et arrière fiefs de la ditte principauté, quoiqu'ayant une justice particulière, un droit de jauge des tonneaux et autres vaisseaux à mettre vin, bierre, cidre, verjus, vinaigre et autres liqueurs, sans qu'il fut permis de faire usage d'aucun tonneau ou vaisseau qui ne fut auparavant jaugé, étalonné et ajusté sur la matrice publique, a peine de confiscation et d'amende arbitraire, lequel droit de jauge était autrefois de 6 deniers par chacun muid ou tonneau. Depuis 1690, la ferme des Aides s'est emparée de ce droit et sauf à Sa ditte Alt. S. à le faire revivre à son profit et a en percevoir les produits comme d'ancienneté (1).

Il n'existe plus que le droit de faire marquer les poids et mesures dans tous les lieux ci dessus énoncés, lequel droit est de 5 sols pour chacune mesure comme aulne, 1/2 septier, chopine, et pinte, et de 10 sols par chaque boisseau.

Art. 48. Qu'autrefois, il appartenait à Sa ditte A. S. des clouyères publiques, où tous les drapiers étaient obligés d'attacher et de clouer leurs draps et boges, à peine de 60 sols, et ce droit de clouyère ne produisait qu'a proportion de la quantité de draps et de boges que l'on fabriquait. Ce droit, depuis fort longtemps ne se perçoit plus faute d'endroit et d'outils propres à former une clouyère publique et sauf à S. A. S. à le faire rétablir et en percevoir alors les droits comme d'ancienneté.

Art. 49. Qu'il appartenait à S. A. S. un droit appelé la ferme du pain, que ce droit consistait en la perception d'un pain de 24 livres que les forains vendaient tant dans la ville que dans l'étendue du finage de Joinville, le tout à peine de 60 sols d'amende.

Que cette ferme du pain n'existe plus depuis longtemps, attendu que les boulangers formant une maîtrise en cette ville, les boulangers ne peuvent n'y étaller ny vendre aucun pain.

Art. 50. Qu'il appartient à S. A. S. un ban dans la rivière de Marne qui flue par le finage de Joinville, que l'étendue de ce ban est fixée et déterminée par deux bornes de pierre de la carrière de Sossas, gravées aux armes d'Orléans et sur chacune desquelles est écrit : *Ban du prince.* Ces deux bornes posées l'une en la contrée de Belle Clair, dans un pré qui appartient au sieur Perrin, perruquier, demeurant à Joinville, et à la distance

(1) 20 may 1749. — Règlement entre les officiers du bailliage et ceux de l'hôtel de ville.

de la rivière, de 17 pieds. Et l'autre borne, au-dessous du couvent des Cordeliers de Ste Ame, dans l'endroit où étaient anciennement les moulins de Joinville, à la distance de la rivière de , dans lequel ban personne ne peut pêcher que les fermiers de S. A. S. à peine de 60 sols d'amende et de confiscation des filets, outils et engins.

Art. 51. Qu'il appartient aux habitants de Joinville le droit de pêche dans la rivière de Marne, dez la borne qui sépare le finage de Gudmont de celuy de Rouvroy, jusqu'a cette petite vallée apellée la vallée S. Paul qui sépare les finages de La Neuville à Bayard et de Pré sur Marne, à l'exception du finage de Donjeux, le long de la rive de la rivière du costé de ce village et encore excepté les bans suivans, scavoir : Le ban de Joinville, désigné en l'article précédent ; le ban de Vecqueville, apellé le Raube, en montant ; et le ban de Laneuville à Bayard, qui, tous trois appartiennent à S. A. S. Et doivent ceux des habitans de cette ville qui veulent faire usage de ce droit, de pêche, se faire enregistrer à la grurie de Joinville le jour des assises générales et payer à la recette du prince, chacun des dits habitants 40 sols pour le droit de réformation, conformément à l'usage aussy ancien que continuel.

Art. 52. Que les habitants de cette ville ont le droit d'essarter, labourer et cultiver toute terre, vaine et vague, du finage de Joinville, à l'exception des endroits où étaient anciennement les garennes du prince, comme tout le val de Wassy, où nul habitant ne peut essarter ny labourer, et où Sa ditte A. S. peut à volonté étendre et élargir son domaine sur les terres vaines et vagues.

Art. 53. Que les différentes contrées qui servent au pâturage de cette ville sont : la Coste aux Vaches, Dandival, Proussival, le val de Rupt, le val de Wassy, Purleux, les Perrières, le

Haut Chesne, observant que lorsque la proie de cette ville est conduite du costé de Sossas, ou du val de Wassy, elle peut être menée à l'abreuvoir du ruisseau de Sommermont, et précisément au-dessous du pré apellé le Grand Etang, et dans le mesme endroit qui sert aussy d'abreuvoir aux bestiaux de Sommermont, le tout suivant l'usage.

Art. 54. Que pour la facilité des habitants de Joinville, il y a sur le finage de cette ville différents chemins sçavoir :

3 chemins au bout du grand pont, dont l'un en chaussée, est l'extrémité de ce grand pont. Il conduit au village de Thonnance. Il a 40 pieds de largeur non compris les deux berges ; dans cette même chaussée aboutit à peu de distance de la maison de la Madelaine un autre chemin de voitures conduisant à Suzennecourt, 18 pieds de large.

Le 2e passe par la Côtotte (15 pieds) il se divise au haut de la cote en 3 parties, l'un de ces chemins (18 pieds) conduit à Suzennecourt et à Poissons, l'autre (18 pieds) va à Donremy en suivant les bornes du finage. Le 3e suit le ban des vignes et mène à la ferme du Haut Chêne (18 pieds), observant que dans ce dernier chemin, en aboutit un autre de voitures, qui conduit au fond de la vallée de Sochonval, et un 2e un peu plus haut, qui conduit en Hepris.

Le 3e conduit à Saint Urbain, il commence entre un jardin et un pré appartenant au sieur Dosne, marchand à Joinville (18 pieds). Dans ce chemin aboutit celui près la fontaine de Marcheval, celui qui conduit au haut de cette contrée (18 pieds) observant que près l'empellement une piedsente de 2 pieds 1/2 de large passe au bas des vignes et à travers la petite prairie sous la fontaine Coquau, il conduit à Saint Urbain.

Près la porte Saint Jacques et à droite de cette porte est une piedsente conduisant directement au château, elle passe entre les vignes et conduit au chemin de voitures qui, derrière le château, conduit au bois.

Au haut du faubourg du Val Roy, sont deux chemins de voitures. L'un monte la côte aux Vaches et conduit à la Folie (13 pieds), l'autre suit la vallée (18 pieds). A côté du pré la Rose il se divise en deux parties, l'une menant à Nomécourt et Charmes, l'autre rejoignant par la porte Julienne le chemin qui conduit à la Folie.

Du cimetière commun un sentier (2 pieds 1/2); il règne le long des vignes de Bency, passe près le jardin du sieur de Roussel et au-dessus des deux clos des religieux.

Vis-à-vis la grande porte du couvent de la Pitié est un chemin de voitures pour le transport des vendanges, il passe entre les deux clos de ce couvent et va rejoindre le sentier (6 pieds).

Des murs de la Pitié s'élance une chaussée qui conduit à Chaumont (40 pieds).

Vis-à-vis des Ursulines, deux chemins : l'un au val de Vassy, l'autre à la côte de Vecqueville.

Au commencement de ce val de Vassy, deux autres chemins, l'un à gauche (18 pieds) conduit au château et au bois, l'autre suit la vallée (9 pieds) et conduit à la combe au Chêne et à la côte de Vassy.

Du côté de Vecqueville et en haut de la côte le chemin se partage en quatre. L'un au couvent de Sainte-Ame (9 pieds), le deuxième mène à Vecqueville (10 pieds), le troisième est le chemin royal : il va à Saint-Dizier, le quatrième monte aux Fourches Patibulaires (9 pieds). Dans ce chemin aboutit celui de Sassa (9 pieds) conduisant à Sommermont.

Sous la côte de Vecqueville, au bas des vignes, un chemin (9 pieds) conduit à la côte Sainte Ame et sous le couvent.

Art. 55. Qu'il appartient aux habitans de cette ville une maison et bâtiment en dépendant, vulgairement appelée les Casernes et qui consiste en maison, cour et écuries sçituées en la rue Notre-Dame, et joignant d'un bout au levant cette rue, d'autre au couchant une terrasse et jardin, d'une part, au midi une maison qui appartient au sieur Petitjean, marchand, et d'autre au nord, une petite ruelle large de trois pieds, qui conduit aux jardins.

Art. 56. Qu'il appartenait aux dits habitans un pastis de la contenance de deux fauchées sçituées près la fontaine d'Andelot et joignant les dames religieuses de la Pitié d'une part, et d'autre le ruisseau d'Andelot, d'un bout les dites Dames Religieuses, et d'autres les héritiers de Hubert Langlois, duquel pastis les dits habitans ne jouissent plus depuis la cession qu'ils en ont faite aux dittes dames religieuses, le 19 juillet 1650, à la charge par elles de construire sur le ruisseau un petit pont tel qu'on le voit à l'entrée de la prairie de cette ville, et dont l'entretien est à la charge des habitants.

Art. 57. Qu'il appartient aux dits habitans un pastis près les anciennes écluses du premier empellement, lequel pastis est séparé du terrein de Son Altesse par trois bornes qui vont en ligne droitte, depuis l'extrémité du glacis de pierre, jusqu'à la pointe de l'Epron, basti au commencement de la prairie du Batard, lequel pastis se termine en pointe au levant sur la rivière, et joint au couchant le terrein de Son Altesse près, les dittes écluses d'une part, au midy la prairie du Bâtard, qui commence à la rue de l'Ancien Canal, et d'autre au nord le cavé ou la rivière que forme l'eau du glacis, et du premier empellement, lequel pastis contient deux fauchées vingt-une cordes, consentant les dits habitants de donner à S. A. S. tout le terrein dont elle pourra avoir besoin tant pour l'entretien de l'écluse, que pour l'écoulement des eaux.

Art. 58. Qu'il appartient aux dits habitans un terrein apellé la Grève, qui sert pour la blanchisserie et qui contient quatre fauchées vingt-cinq cordes, lequel terrein n'est séparé du pastis énoncé en l'article précédent, que par le canal de la rivière qui vient du premier empellement et du glacis, et qui aboutit au levant sur la rivière qui vient du grand empellement et sur un jardin fermé de murs, et au couchant sur la fosse du cavé ou du premier empellement, et qui y joint au midy le canal de cet empellement, et au nord le chemin au dessus de la grève qui règne le long des jardins.

Art. 59. Qu'il appartient aux dits habitants un vaste terrein apellé le Nuisement, contenant seize fauchées et qui sert de promenade publique, lequel terrein est en partie en arbres tilleuls plantés en quinconces, et au bout duquel terrain est une autre plantation de saulx en massif. Ce Nuisement situé à l'extrémité du faubourg de Lorraine, et précisément au bas du grand pont, joignant d'une part au levant la rivière, qui sort de ce grand pont, et d'autre au couchant le jardin du sieur Lecomte, demeurant à Reims, et le canal du bief du moulin, et aboutissant au midy tant sur le commencement du grand pont que sur la maison du sieur Baron, et au nord sur l'endroit où le canal du moulin se réunit à la principale rivière.

Art. 60. Qu'il appartient pareillement aux dits habitans une pièce de pré contenant trois fauchées treize cordes, et seize entre le petit bois et le canal du bief du moulin, et qui joint d'une part au levant ce même canal, d'autre au couchant le petit bois, et aboutissant d'un bout au midy en pointe sur le même canal du moulin, et d'autre au nord les dames religieuses de la Pitié.

Art. 61. Qu'il appartenait aux dits habitants un pastis à peu de distance de celui énoncé en l'article précédent, et qui joignait d'une part au levant la grande rivière, d'autres au couchant au midi et au nord le pré de l'hopital de Joinville, duquel pastis les propriétaires voisins se sont emparés et contre lesquels les habitans se réservent de se pourvoir incessamment ainsy qu'il appartiendra.

Art. 62. Qu'il appartient aussy aux dits habitans une pièce de terre appelée le Pré Sallé, et qui actuellement contient une fauchée 63 cordes, lequel pré est situé au dessous du grand pont, et de l'autre costé de la rivière, et joint d'une part au levant le grand chemin qui conduit à Thonnance, d'autre au couchant la rivière aboutissant au midy sur le bout du grand pont et au nord formant hache sur le pré de l'hopital de cette ville.

Art. 63. Qu'il appartient aux dits habitans un pastis au Saulcy, lequel est situé entre la prairie du Bâtard, qu'il a au couchant et la rivière qui vient des écluses du grand empellement, sur lequel ce pastis va aboutir au midy, et au nord sur une pièce de pré des sieurs Prévost, duquel pré ce pastis est séparé par trois bornes nouvellement plantées en ligne droite, depuis l'ancien lit de la rivière jusqu'à celle qui vient actuellement de l'empellement, et ce de l'agrément et en présence du sieur Prévost apothiquaire au nom et comme tuteur des enfants de son frère propriétaire de la dite pièce de pré,

Art. 64. Qu'il appartient aux dits habitans un pastis près la Perche de l'arquebuse de cette ville (1), duquel ils ne jouissent plus depuis longtemps, ayant vraisemblablement, et suivant la tradition, été donné pour former le jardin de cette arquebuse.

---

(1) A l'extrémité du faubourg de Lorraine.

Art. 65. Qu'il y a, tant dans la ville que dans les faubourgs plusieurs fontaines et puits publics dont l'entretien est à la charge de ses habitans, savoir : Une grande fontaine au milieu de la rue de la Fontaine, avec bassin à lessive; une autre fontaine près les bâtiments du moulin aussy avec bassin à lessive ; une 3e fontaine à l'extrémité du Val Roy, aussy avec bassin à lessive ; une 4e fontaine sous la Coste de Vecqueville et vis à vis les murs du Grand Jardin ; une autre fontaine près la prairie et appelée la fontaine d'Andelot avec bassin à lessive; et une 6e fontaine au Val de Vassy, contre le mur du jardin du sieur Tanret, et de laquelle on ne fait aucun usage, étant mesme une partie remplie ; le grand puits près la halle et vis à vis la maison du sieur Roquemont ; un autre puits, vis à vis le couvent des Ursulines, dans le faubourg des Royaux ; et un autre puits, dans la grande rue, vis à vis la maison du sieur Bodinot ; et 3 dans le faubourg de Lorraine, dont un vis à vis la rue de la Harpe, le 2e, de l'autre côté, vis à vis la maison du sieur Le Déchauld, et le 3e à l'extrémité du grand pont, et près la grande croix de pierre ; et enfin un puits dans le faubourg de Valroy, et un autre dans la place de l'Auditoire, vis-à-vis la maison de M. Leclerc de Fredeau, desquels fontaine et puits l'entretien est à la charge des habitans de cette ville.

Art. 66. Que pour l'écoulement des eaux pluviales de la ville, il y a, depuis la porte de Lorraine jusqu'au bas de la grande rue, 4 égouts, qui tous quatre vont aboutir dans le canal supérieur du bief du moulin. Le premier sous la porte de Lorraine, le 2e à côsté de la grande fontaine, le 3e presqu'au milieu de la rue des Bains et vis à vis une petite ruelle qui conduit de cette rue à la place, le 4e au bas de la grande rue.

Art. 67. Que les 3 portes de la ville appartiennent à Sa ditte A. S.

Art. 68. Que les murailles de la ville, ensemble tous les fossés qui l'environnent, appartiennent aussy au prince de Joinville qui peut, de ces fossés, disposer à volonté.

Art. 69. Qu'il y a 6 corps de garde scavoir : 1 près la porte des Royaux, 1 près celle S. Jacques, 1 près la porte de Lorraine, 1 au Cheny, pratiqué dans une tour des murs de la ville; le 5° près de la rue des Ursulines, contre la maison du sieur Charles, cabaretier, et à l'entrée du val de Vassy; et le 6e au commencement du grand pont. Les 4 premiers corps de garde appartiennent à S. A. S., et les 2 autres aux habitans de cette ville.

Art. 70. Qu'il parait qu'autrefois le boisseau se mesurait au comble et que les abus qui en naissaient déterminèrent alors les habitans à y remédier, et à demander qu'il fut fait une mesure avec un fer, et que cette nouvelle mesure contint, raclée au fer, autant que l'ancienne mesure mise au comble, ce qui fut octroyé par le prince de Joinville qui fit faire en conséquence un boisseau de cuivre rouge pour servir de matrice, lequel boisseau est déposé au greffe du bailliage et contient au raclé 35 chopines, de sorte que suivant le règlement qui fut fait alors et qui doit être exécuté, la mesure de cette ville tant pour grains vendus sous la halle que pour ceux qui, provenant des gagnages des bourgeois de cette ville, se délivrent sur leurs greniers, et le boisseau raclé au fer, et sans cette jointée par boisseau, abus que la seule cupidité a introduit, et qu'il est de l'intérêt de suprimer pour rendre les marchés plus abondants. (*Procès verbal du bailly concernant le dépôt des mesures.*)

Art. 71. Qu'ayant plû à S. A. S. d'accorder aux habitans de cette ville pour la promenade publique la jouissance du terrain du petit bois qui se trouve derrière le Grand Jardin, les dits habitans le firent en 1751 planter en arbres tilleuls et forme de quinconce avec 2 étoilles, et à côté de ces étoilles des massifs de toutte espèce de bois.

Après quoi lecture ayant été faitte à voix distincte et intelligible à tous les habitans, collectivement assemblés, de leur déclaration, ensemble des chartres de cette ville, ils ont unanimement assuré que leur déclaration était égallement entière, exacte et fidelle, quelle était conforme à tous les titres, aveus, dénombrement et papiers terriers de la principauté de Joinville qui leur ont été présentés, et à l'usage et à la possession, pourquoy ils y persistent et l'affirment sincère et véritable, se soumettant de l'exécuter selon sa forme et teneur. Et ont la plus grande partie signé, les autres ayant déclaré ne savoir pas signer, de ce interpellées.

FIN.

TABLE

DES MATIÈRES.

A

B

C

D

G

H

I

J

L

U

V

FIN DE LA TABLE.

ERRATA.

—

PRÉFACE. — *Joinville.* — Ligne 14, au lieu de : *Attitude,* lisez : *Altitude.*

INTRODUCTION.—Ligne 20, au lieu de : *Berchère,* lisez : *Berchaire.*

INTRODUCTION. — Ligne 25, au lieu de : *Luteie*, lisez : *Lutèce.*

INTRODUCTION.— Ligne 4, au lieu de : *Debout*, lisez : *Debouts.*

Page 7. — 1035. — Reconstruction du château de Joinville.

Page 10. — 1110. — Mariage de Geoffroy III.

Page 18. — 1232. — Le comte Thibaut reconnaît l'hérédité de la

Page 19. — Gui de Joinville fonde Boucheraumont, qui devient chef d'ordre des Billettes, sous la règle de S. Augustin.

Page 20. — 1257, mai. — Le roi de Castille envoie à Jean 1,000 marcs d'argent, au grand marc, par l'archidiacre de Maroc.

Fage 20. — 1270. — Mort de Thibaut V, comte de Champagne, gendre de saint Louis.

Page 23. — 1325, juin.— Droit de jurée, converti par Anselme en une rente annuelle de 200 livres.

Page 24. — 1349, 3 janvier. — Mort d'Anselme.

Page 25. — 1351. — Erard, de Joinville, est nommé bailli de Chaumont.

Page 25. — 1352. — Le comté de Bar est érigé en duché-pairie par l'empereur Charles IV.

Page 26. — 1356. — Henri est nommé lieutenant-général du royaume pendant la captivité du roi Jean.

Page 32, ligne 15, au lieu de : *Ils l'attachaient*, lisez : *Ils les attachaient.*

Page 42. — 1419, 13 août. — Louis, cardinal, duc de Bar, cède ce duché à son petit-neveu, Réné d'Anjou.

Page 59. — 1552. — François de Guise est nommé lieutenant-général des trois évêchés.

Page 64. — 1562, 26 octobre. — Un gentilhomme manceau tente d'assassiner ce prince au siége de Rouen.

Page 67, ligne 12, au lieu de : *La duchesse fait don aux Cordeliers de Sainte-Ame*, lisez : *La duchesse fait don du couvent de Sainte-Ame aux cordeliers de Saint-Benoît.*

Page 73, ligne 29, au lieu de : *Fontenay*, lisez : *Foteringney*.

Page 94, ligne 4, au lieu de : *Née le 15 août 1615*, lisez : *Né le 15 août 1615.*

Page 94, ligne 10, au lieu de : *1626*, lisez : *1682.*

Page 94. — 1686, 29 janvier. — Cession des halles et des droits de hallage, par M. de Guise.

Page 158, ligne 10, au lieu de : *Extraite*, lisez : *Extrait.*

www.ingramcontent.com/pod-product-compliance
Ingram Content Group UK Ltd.
Pitfield, Milton Keynes, MK11 3LW, UK
UKHW020556230726
13926UKWH00005B/2043

9 782013 619219